国家社会科学基金重点项目、国家自然科学基金项目、河南兴3
目、河南财政金融学院学术著作出版基金项目

中国创意管理前沿研究系列
China Creative Management Frontier Research Series

博物馆体验价值研究

基于参观者动机视角

The Museum Experience Value from
the Perspective of Visitor Motivation

刘双吉 杨永忠 著

经济管理出版社
ECONOMY & MANAGEMENT PUBLISHING HOUSE

图书在版编目（CIP）数据

博物馆体验价值研究：基于参观者动机视角/刘双吉，杨永忠著.—北京：经济管理出版社，2022.10
ISBN 978-7-5096-8750-5

Ⅰ.①博…　Ⅱ.①刘…②杨…　Ⅲ.①博物馆—工作—研究　Ⅳ.①G26

中国版本图书馆 CIP 数据核字（2022）第 186897 号

组稿编辑：郭丽娟
责任编辑：任爱清
责任印制：黄章平
责任校对：蔡晓臻

出版发行：经济管理出版社
　　　　　（北京市海淀区北蜂窝 8 号中雅大厦 A 座 11 层　100038）
网　　　址：www. E-mp. com. cn
电　　　话：（010）51915602
印　　　刷：唐山玺诚印务有限公司
经　　　销：新华书店
开　　　本：720mm×1000mm/16
印　　　张：12.75
字　　　数：220 千字
版　　　次：2022 年 11 月第 1 版　　2022 年 11 月第 1 次印刷
书　　　号：ISBN 978-7-5096-8750-5
定　　　价：78.00 元

创意管理推动文明进程
（代总序）

徐玖平

文明是人类的属性，人类是创意的产物。人类在认识世界和改造世界的过程中逐步开化、不断进化，产生文明、形成创意。人类在创意中诞生——类人猿首先想到了造石器，然后才动手把石器造出来，石器的创造和运用使类人猿变成了人；也在创意中发展——创意孕育文化、孵化科技，驱动着历史车轮飞速旋转，为人类文明进步提供了不竭的思想源泉。创意是破旧立新的创造与继往开来的意识，文明的进程从某种程度上说就是创意的过程，形成、实践和完成创意的过程就是对创意的组织——创意管理。可以说，创意来源于人类发展需要，创意管理又推动着人类文明进程。

一、创意经济

创意经济是 21 世纪的经济形态，是人类文明和产业经济发展到一定阶段的产物。正如英国学者克里斯·比尔顿（Chris Bilton）所说："产业的创意化和创意的产业化，使奠基于文化和创意而非物质实体的创意经济已经站在进入新产业时代的门槛上。"

（一）超越性需求催生创意产业

人类的需求可分为匮乏性需求和超越性需求两类。前者是对衣食住行等基本物质消费的需求，后者则在很大程度上是精神文化层面的需求。随着文明进程和社会进步，匮乏性需求和超越性需求比例不断改变。人类的超越性需求越来越多，供需矛盾日益显著。要化解矛盾，一方面要创造新

1

产品，是"质"的需求，需要创意和创意管理，关注产品设计和产品设计的管理；另一方面要创造足够多的新产品，是"量"的需求，也需要创意和创意管理，关注生产工艺和工艺流程的管理。

以企业为例，要想赢得顾客手中的货币投票，在市场竞争中生存下来并实现长久的发展，就必须根据顾客日益增长的超越性需求提供保质足量的新产品。为了满足顾客这一需求，企业需要在组织生产的过程中自主创新，而创新的发生依靠良好的创意——创意是企业创新的养料。在超越性需求启发下，企业凭借创意生产出来的产品具有二重性：无形精神文化属性和有形物质功能属性。精神文化是产品中凝结的思想、情感和技巧，是千百年来社会发展的精神积淀，其中潜流着人类完善自身的情感和在冥冥之中摆脱物质束缚的苦苦追求。物质功能是产品中能够被人们的感官所直接感知的、精神内容赖以存在的物质载体和信号系统。精神文化要转变为产品，必须要与一定的物质载体相结合，表现为某种物化的成果，这就形成了我们通常所说的创意产品。创意产品中的物质功能可以通过规模化进行生产，从而形成创意产业；创意产品中的精神内容在生产和交换中可以被分解、组合、扩散和转移，并被注入传统产业和普通物质产品中，形成纯创意产品向泛创意产品的转化，从而形成创意产业链。产业链不断延伸和扩展形成的集聚效应，使创意产业不断深化，并带动相关产业发展。这一创意产品生产、创意产业链伸展、创意产业发展过程都需要创意管理。

还有一类特殊的创意产品，如戏曲、舞蹈、话剧、杂技等舞台演出，具有一般创意产品所没有的特性。一是与物质形式的创意产品相比，演出是一个过程而不是最终的结果，不可能事先对实物进行全面细致的鉴别评价然后决定是否购买；二是与其他非物质形态的创意产品相比，舞台艺术的每一场演出都是表演者艺术生产和艺术再创作的过程，不能像影视艺术品可通过拍摄成胶片、光盘后多次无差别放映；三是表演者艺术生产过程也是观众消费观赏的过程，即文艺演出的生产过程和消费过程是同步的，不是先生产后消费；四是演出具有很强的时效性，由于场地限制且消费群体也有限，因此演出经营者必须在有限的时间和空间范围内实现经营目标；五是演出经营者只能拥有其版权和经营权，消费者只能得到现场观赏权，经营者和消费者都无法得到所有权。这些特征使舞台演出这种创意产品及其形成的创意产业的管理有很强的特殊性，需要特别研究。

（二）商业文明进程激发创意产业

商品的价值具有丰富的内涵，从商业文明进程史来看，依次经历了经济价值、技术价值和文化价值多个阶段。在工业化时代，强调资本、土地、设备等要素的投入，产业结构的重心是大规模、高投入的制造业。企业通常通过机器设备，采用大规模生产的方式进行批量生产，以获得更多的商品价值，此时企业获得的商品价值主要表现为经济价值。随着信息技术的不断提高，商业文明进入信息化时代，以知识为中心、以人为本，产业结构的重心变为经济效益高、增长质量好的信息产业，此时企业获得的商品价值突出表现为技术价值。随着商业文明的持续发展，信息技术给顾客带来的效用也在不断地降低，商品的经济价值和技术价值出现一种边际价值递减的趋势。鉴于此，越来越多的企业开始调整发展战略，转向对商品文化价值的追逐，文化价值迅速崛起，成为企业增长和经济发展新的动力源。对于企业来说，此时获得的商品价值突出表现为文化价值。由于商品文化价值的挖掘为企业创造财富提供了新契机，由此，越来越多的企业开始向文化领域转型。

文化转型的核心是创意，而由创意到创意产业则具有历史必然性。商业文明进程史表明，创意产业是一个国家商业文明发展到一定阶段的产物。从国际经验来看，当人均 GDP 超过 1000 美元后，社会经济便进入一个新的发展阶段，商业文明向发展型和享受型升级，并因此激发创意产业的形成和发展。

创意产业这一概念率先由英国正式提出。英国是曾被称为"日不落帝国"的老牌资本主义国家，但随着美国的崛起，其国际地位不断下降。在即将进入新千年之际，英国政府苦寻英国下一个世纪的竞争力和增长点。和美国相比，文化是英国最大的优势，但是如果仅仅就文化做文化，无法体现其比较优势。而要把文化利用、开发出来，则需要创意，用创意产业革新文化产业，以创意产业引领其他产业发展，进而带动英国再次振兴。于是在 1997 年，时任英国首相托尼·布莱尔（Tony Blair）组建了创意产业工作组（Creative Industry Task Force），并于次年发布《创意产业路径文件》（*Creative Industries Mapping Documents*），报告中首次提出"创意产业"（Creative Industries）的概念，并明确指出创意产业将会成为英国经济规模最大、增长最快的部分，预计将会提供 140 万个就业岗位，产生大约 600 亿英镑的经济附加值以及 5% 的国民生产总值。英国提出创意产业以后，在全球引发了极大的反响，美国、日本、加拿大等发达国家先后发现它的价值，并不断地赶超。

近十年来，我国创意经济持续升温，创意产业逐渐形成，并不断取得新的态势。2004 年 5 月第七届北京科博会、中国太平洋学会、中国企业文化促进会、中国电子视像行业协会等机构共同发起"创意中国行动"成果展览，成立创意中国产业联盟，旗帜鲜明地提出"从中国制造到中国创造"理念，标志着中国创意产业最早的自觉行为，这一年可以称为创意产业"起跑年"；经过两年的热身，2006 年发布的《国家"十一五"时期文化发展规划纲要》首次将"创意产业"写入其中，创意产业得到了前所未有的关注，因此可被称为"关注年"；2008 年北京奥运会，可谓是将中国形象呈现给世界的"展示年"，更是中国创意产业的"形象年"；2010 年上海世博会，在世界性的经济文化盛会上，中国的创意产业呈现出累累硕果，形成真正的"成果年"；2011 年初，我国把"推动文化产业成为国民经济支柱性产业"列入《国家"十二五"规划纲要》中，很多城市纷纷制定创意产业发展战略，并把它作为城市未来的支柱产业进行培育，这一年则被称为中国创意产业"腾跃年"。

（三）创意产业核心是文化创意产业

按英国政府的定义，创意产业是指"源自个人创意、技巧及才华，通过知识产权开发和运用，具有创造财富及就业潜力的产业"，包括软件开发、艺术设计、出版、广告、电影、电视、音乐、表演艺术等部门。由此，创意产业具有三大特色：一是在生产过程中需要运用某种形式的"创意"；二是该产业活动象征意义的产生一般与沟通有关；三是产品至少有可能是某种形式的"智能财产权"。

综上可见，创意产业的核心构成是文化创意产业（Cultural Creative Industries），包括动漫、音像、传媒、视觉艺术等。文化创意产业彰显了文化的经济属性，迎合了经济与文化一体化的全球趋势，其基本原理就是通过发现、挖掘和延伸文化的经济价值，发挥文化产业在促进国民经济增长和就业增加中的作用。可见，文化创意产业就是要将抽象的文化直接转化为具有高度经济价值的"精致产业"。换言之，就是将知识的原创性与变化性融入具有丰富内涵的文化之中，使它与经济结合起来，发挥出产业的功能。

文化创意产业是一种在经济全球化背景下产生的以创造力为核心的新兴产业，强调一种主体文化或文化因素，依靠个人或团队，通过创意和产业化的方式开发、营销知识产权的行业。显然，文化创意产业是一种使知识与智能创造价值的过程。这一过程生产的丰富多样的文化创意产品能在很大程度上满足当今人类的超越性需求。因此可以说，文化创意产业是人类文明进程的推动性产业。

相较于传统农业产业和工业产业，文化创意产业有其独特性，具体表现在文化与经济、技术、社会、空间和组织相融合。第一，文化与经济的融合。文化创意虽然根植于文化，但更重要的是一种经济活动，要求按经济规律进行文化生产，实现财富的增长。第二，文化与技术的融合。文化创意本质上是一种创造性经济和知识型经济，其生产过程需要文化和新技术结合运用。第三，文化与社会的融合。由于消费者的文化身份特征、价格的社会网络特征和空间的体验特征，决定了文化创意离不开消费者与消费者间、消费者与生产者间以及消费者与各种中介组织间的社会交往活动。第四，文化与空间的融合。文化创意空间应充分考虑原文化设施、废弃的工业厂房，通过这些文化的延续性载体，借助政府的空间发展机制和经济政策引导，促进旧的空间有机注入和展现现代文化创意元素，实现文化与废旧空间的混合再生。第五，文化与组织的融合。文化的创意过程也是文化、艺术、经济、技术等在知识上合成和创新的过程。因此，在文化产业向文化创意产业转化中，需要使文化专家、艺术家、企业家、技术专家、各种中介组织、具有创造活力的消费者建立广泛而紧密的联系，形成富有创造性的组织网络。

当前，文化创意产业在社会生活和国民经济中的地位迅速上升，已经成为许多国家重要的支柱产业和新的经济增长点。中国有着悠久的文明历程和丰富的传统文化，公众的超越性文化需求非常旺盛，为文化创意产业的发展提供了有利条件。与此同时，文化创意产业的发展能够催化资本、技术、人员等生产要素加速流动与重新组合，渗透并提升传统产业，有利于推动我国产业结构的优化调整，有利于提高中国的文化"软实力"，有利于提高就业率，为中国梦的实现带来重要契机。

　　然而，在生产经营中，目前我国大多数企业往往将更多的精力投入技术研发或工艺改进中，而对文化创意的重视和投入却相对薄弱，更不用说创意管理了。我国企业若要取得长期的竞争优势并立足于不败之地，急需从文化创意着手做好创意管理，即在生产经营中激发文化创意，建立起一套有效的创意管理机制。在借鉴其他国家创意管理模式的基础上，结合中国创意产业发展的特点，构建中国特色创意管理模式，这将对促进我国创意产业的可持续发展具有重要意义。

二、创意管理

　　在创意经济时代，创意是经济增长和社会进步的内在驱动力，而创意管理则是文化产业化和产业文化化的强劲驱动力。生产创意产品、壮大创意产业的核心就是创意管理。因此，掌握和实践"创意管理"，对于发展创意经济、推动文明进程意义重大。

（一）创意管理的时代背景

　　21世纪是创意经济和创意管理的世纪，伴随社会进步和文明进程，人的属性、企业的属性、政府的属性正在悄然地发生着变化。这种属性变化对创意管理提出了新的更高要求。

　　从人的属性来看，在机器工业的驱动和市场经济的影响下，工业革命至20世纪期间，人通常被理解和塑造为抽象的经济人，极大地忽略了人的其他属性，包括最为重要的崇尚个性自由、追求美好生活、以精神文化需求为基础的"文化人"的属性。这里的"文化人"，不是狭义上的文化工作者、艺术工作者，而是每一个普通的个体。在21世纪创意时代背景下，人的文化属性被时代唤醒、被网络放大，人人都是文化人，个个都是艺术家。作为人的多元属性的"文化人"的凸显，体现出有限理性下消费日趋不确定的效用多元回归，反映出匮乏性经济需求已经成为人们偏好的次要方面，而超越性文化需求则成为人们偏好的主要方面。在这种背景下的创意管理需要深入研究消费者的心理偏好，产品设计应考虑用文化效用替代和弥补经济效用，从而实现消费者综合效用的最大化。比如，当需要用5000元购买一款手机时，其单纯的经济效用常会使我们充满迟疑或困惑，但是如果这款手机注入个性化的表达和特殊文化元素而具有文化效用时，消费者的个人综合效用得以提升，产品的购买需求必然增大。

就企业的属性而言，企业不只是生硬地、冰冷地追求利润最大化的经济主体，更是生动地、温暖地追求个性和创造美好生活的文化主体。企业与文化结合的意识正日益明显，氛围正日益浓郁，程度正日益加深。举例来说，今天妇孺皆知的苹果企业就不单纯只是一家制造企业、一家科技企业，它更是一家文化企业，它是文化与科技融合的典范，展现了制造业文化化的必然趋势。而中国具有代表性的两家企业：万达集团在经历了住宅地产、商业地产后，正向文化地产进军，这也正是为什么万达广场开一家火一家的重要原因；2013年阿里巴巴在令业内人士备感惊讶地宣告组建音乐事业部后，2014年又斥巨资控股香港上市公司"文化中国"，由此进入影视行业，一幅围绕数字娱乐铺开的文化版图正在悄然绘制。试看今日之中国，一种"家家都是文化企业"的发展气势已是"山雨欲来风满楼"。

企业强调文化治理、追求成为文化企业，也凸显出有限理性下生产日趋不确定的价值多元回归。也就是说，在日趋激烈的市场竞争下，产品的经济价值日趋不确定，因此生产者可以增加和丰富产品的多元价值，特别是文化价值，以满足消费者日益凸显的多元价值的消费需求，从而提高产品生产价值的确定性。此时，企业创意管理的核心就是通过集成管理生产出产品的美学、精神、象征、历史、社会和真实价值，实现产品文化价值的涌现，从而在文化化的市场环境下提升企业的整体价值，实现持续发展。

随着人的属性、企业的属性变化，政府的属性也在发生着变化。其变化的一个重要取向就是从GDP驱动下的单纯经济型政府转向民生驱动下的经济—文化型政府。为使市场在资源配置中起决定性作用，政府须承担为市场"守夜"的职责。何谓"夜"？"夜"的核心或基点就是民生。何谓"守"？"守"的背后蕴含的就是文化。政府在创意管理中扮演协调和培育的角色，一方面是协调市场中的文化人和文化企业，另一方面是大力培育以超越性需求为主体的文化市场。

（二）创意管理的基本内涵

在创意经济时代，创意管理是从管理学和企业管理的角度对创意经济发生变化的一种微观洞察和分析，它也是一门正在迅速成长、充满勃勃生机的新兴学科。

对创意管理的基本认识包括"新奇性"和"商业性"两个维度。产生一个想法，得出一个结论，需要具有新奇性。新奇性不仅是指个人创意的新奇性，更强调该创意在整个人类发展现阶段的新奇性、推动社会进步的新奇性。商业性是指一件创意产品只有投入市场，实现其商业价值，才能成为创意商品。新奇性是对产品设计和工艺的创意管理，商业性是对产品宣传和营销的创意管理，两者的结合即构成了创意管理的基本属性。创意管理的核心则是通过管理实现文化创意的商业化，即不仅做文化，也还要考虑技术和经济，实现文化与技术、文化与经济的融合，由文化价值、经济价值和技术价值共同构成和涌现出商品的创意价值。

按照管理的具体内容，创意管理可分为创意主体管理、创意来源管理、创意生产链管理和创意文化管理。创意主体管理是指对创意个体的知识培训、思维开发及工作动机的管理。创意来源管理是指管理者有意识地搜索和利用组织内部和组织外部创意的来源，其中，组织内部是指组织内部各个部门，组织外部是指客户、竞争对手、供应商及其他相关者。创意生产链管理是指对创意的产生、创意产品化及创意商品化阶段进行有效管理。创意文化管理是指建立一种有创意的企业文化，并对之施行管理，一方面要求企业领导者具备创新的素质，并且在对员工培训过程中传递创意文化；另一方面通过内部刊物、活动等方式建立有效的文化传播网。

从创意管理方式而言，创意不仅需要静态管理，更强调动态管理。创意管理不是企业埋头苦思创意、闭门造就创意产品，而是要根据市场需求变化和企业资源稀缺性开发创意，并对创意进行系统化的评估和筛选，以便将企业的稀缺资源集中在商业可能性最大、能给企业带来最大收益的具有新奇特征的开发项目上。

从创意管理目标而言，在创意生产链的不同阶段，企业的创意管理目标各异。在创意产生阶段，创意管理的目标是通过激励机制形成更多创意，并通过控制机制挑选出优秀的创意。在创意产品化阶段，创意管理的目标一方面是将创意以产品的形式实体化，并且在实体化的过程中严格控制生产流程，以保证创意在产品中完整体现；另一方面是在创意产品化的过程中，采用商业秘密、知识产权等方式对创意进行保护，以免创意被竞争对手获取，失去市场竞争优势。在创意商品化阶段，创意管理的目标包括：销售创意产品以赚取利润；以优良的营销手段和售后服务建立或加强自有品牌，并通过售后服务、市场调查等方式为企业再次开发创意新产品做准备。

（三）创意管理的理论基础

早期对创意的研究是从文化、社会层面展开的。随着人类社会的发展以及匮乏性需求与超越性需求比例的转换，文化艺术市场已不再属于少数人的消费产品，而成为广泛消费群体的精神文化需要。如今，创意研究从早期的文化和社会领域，发展到以创意产业为代表的经济领域，并在管理领域展现出蓬勃生机。创意管理的理论基础包括效用理论、偏好理论、价值理论、技术创新理论、企业家理论等经济学和管理学理论。

创意产品与其他产品最显著的差异，在于它具有鲜明的文化效用。恰恰是这种效用，消费者才会发自内心地喜欢它，这个产品才有市场，企业才能得到发展。文化效用是消费者从文化的消费中获得的需求满足程度的一个度量，根据西方学者的研究，它包括审美效用、历史效用、象征效用、社会效用、精神效用和真实效用六个维度。

对文化效用的理解离不开对消费者偏好的认识。创意商品的消费者偏好不同于一般商品：首先，偏好累积、时间依赖的个体取代了简化了的、与时间无关的效用最大化消费者。其次，个人偏好既受到任何从外部环境来看较为重要的文化标准或文化准则的影响，又受到内部形成的某种一贯的文化价值尺度的影响。最后，文化消费可以理解为一个过程，该过程既有助于满足现状，又有助于积累引导未来消费的知识和经验。

文化效用是消费者内心的一种感受，但是，对于企业来说，却要把消费者这种感受或者说效用、偏好转化成有意义、有价值的购买欲望。当企业把消费者的文化效用和价值偏好实现了之后，就产生了文化价值。产品的文化价值强调的是一种文化创新和价值创造的意义，一种对消费者超越性需求的满足。文化后现代主义时期，以和谐和规范作为核心文化价值的传统理念，被重塑为一种扩展的、变动的、混合的价值解释。创意产品价值的特殊性就体现在它挖掘和彰显了产品的文化价值。例如，苹果公司改变了人们的工作方式，亚马逊公司改变了人们的购物方式，脸书改变了人们的沟通方式，这些改变的背后实际上都是文化理念的重构和文化价值的再造，这种全新的文化价值伴随动态创意管理在创意时代不断满足人们对文化创意的超越性需求，其品牌价值也越来越受到人们的认可，反过来也造就了闻名于世的创意企业。

　　要实现效用、偏好、价值，则离不开技术创新，即文化与技术的有机融合。创意管理是以文化为导向的创意创造，要实现这一创造导向，需要技术创新的支持：一方面，技术创新改变了经济领域中各类要素的相对价格，使人们的偏好结构发生了变化，也重新缔造了产品的价值结构，这为文化创意的涌现性生成和大规模产出提供了经济条件；另一方面，技术创新推动了信息成本的持续降低，特别是加速了互联网的发展，这为文化创意产业的蓬勃发展奠定了社会基础。此外，恰恰是最近50年风起云涌的技术创新，为文化创意的产品化和产业化提供了技术条件，如数字音乐、在线游戏，这在传统的文化产业时代是难以想象和不能企及的。

　　无论是创意还是创新，其实现都离不开企业家，特别是创意时代的文化企业家。根据西方学者和我国学者的近期研究，文化企业家是文化变迁的代理人，他们通过组织和融合文化、金融、社会和人力资本，使创意文化与产业经济实现无缝衔接，艺术家的梦想与企业家的冒险得到创新结合，在获取个人收益的同时，有力地推进文化产业发展和国民经济增长。正是由于文化企业家的上述特殊性，使其企业家的行为动机复杂而多元：在关注经济激励的同时也考虑非经济激励的作用；既有经济价值的必然追求，也有文化价值的内在诉求。经济偏好和文化偏好的冲突和平衡，成为观察文化企业家行为的一个独特视角。

（四）创意管理的实践方法

　　要实现创意管理，需对创意主体、创意来源、创意生产链以及创意文化等创意管理的要素进行计划、组织、领导、控制、创新。

企业创意管理可从两个角度实践。一是创意管理对象或内容角度，实践方法可分为创意知识管理、创意人才管理、创意战略管理等。创意知识管理是指提供符合当今经济社会发展需要，能被大众广泛接受的创意理念，使人们能获得精神和心理享受的内容；创意人才管理是指对企业创意人力资源方面的管理，对于创意人才的管理是衡量一个企业创意管理能力的重要标志之一；创意战略管理是指企业发展讲求计划性、前瞻性和科学性，并且因此制定一个完善而科学的创意发展规划或战略。二是创意价值实现流程的角度，实践方法主要有创意漏斗理论、阶段—关卡系统、创意过程管理技术和创意指数理论模型等，其中具有代表性的是创意漏斗理论和阶段—关卡系统。在创意漏斗理论中，创意管理的实践方法是企业合理组织内外相关要素，激励全员创新，产生大量创意，再对创意的市场机会进行甄别，形成清晰的产品概念和合理的开发计划，最终将创意产品投入市场，使创意商品化，实现其价值。在阶段—关卡系统中，创意管理的实践方法是从创意的产生一直到创意实现商品化的过程中，运用一连串交替的阶段与关卡控制所有的活动，尽可能淘汰不够好的构想，以便让优秀的创意尽快上市。

产品创意管理的过程则包括选择文化资源、进行内容创意、制造创意产品、完成产品呈现、市场推广产品。例如，羌族的文化有它的特色，羌族的图腾叫羊图腾，它就是文化资源。利用羊图腾这一文化资源，进行羌灯的内容创意，再通过特殊工艺完成羌灯的生产，最后作为民族工艺品拿到市场推广。通过这样的过程，创意管理就实现了由无形的文化创意到有形的商品转变，创意神话就这样诞生了。

三、创意丛书

创意经济是知识经济时代一种全新的经济形态，创意管理则是在这个创意时代里洞悉创意文化演变、推进创意经济发展的一柄利器，也是加速文明进程、推动社会进步的一种强催化剂。中国是有着五千年悠久历史的文明古国，是东方文明的杰出代表。从中国视角研究个性化的创意管理理论与方法，打造文艺复兴的中国梦，对推动世界文明进程具有共性意义。基于此，创意管理系列丛书力图成为开启中国创意管理变革之门的一把钥匙。

（一）丛书架构

本丛书主要从管理学视角，围绕文化资源、内容创意、产品生产、市场推广、消费者等各个价值链环节，探讨文化创意的发生与发展规律，探寻文化与技术、经济的融合机理，探求文化的制造化与制造的文化化路径，为促进"中国制造"向"中国创造"转变提供理论支持。具体的著作研究主要是基于中国文化的背景，对创意产品管理展开分类的系统研究。这里面既有针对一般的创意产品，探寻其开发机理、生产模式、营销方式与消费者参与等；也有选择具体的创意产品，如数字音乐、工艺品、电影电视等，探讨其产品的特殊性和创意的实现路径。其中，生产和消费过程同步的舞台演出类创意产品由于其诸多特殊性，其创意管理也将是重点研究对象。

同时，也从满足消费者日益增长的超越性需求角度，开展创意管理"质"的研究和"量"的研究。"质"的研究主要是针对消费者个性化、变化中的文化需求，从创意思维的培养、创意产品的设计、创意消费的迎合等方面开展创意管理研究；"量"的研究主要针对消费者普遍化、增长中的文化需求，从创意理念的提出、创意工艺的优化、创意市场的培育等方面开展创意管理研究。

（二）理论贡献

在我国，随着创意产业的迅速发展，创意管理的实践早已开展，且取得一定的成果，但学术界并没有从理论上对其进行系统归纳和梳理。缺少理论支撑和指导的实践将难以取得更大进步，并可能影响创意产业的健康持续发展。此外，现有的国内外关于文化创意的理论研究，大多从宏观的政策层面或中观的产业层面进行分析，缺乏微观的管理角度分析。如果说创意经济是不可阻挡的时代潮流，那么创意管理则是各类弄潮儿搏击浪潮的原动力和驱动力。因此，对创意管理进行全面、系统的研究迫在眉睫且意义重大。

创意管理系列丛书基于国内外相关研究成果，从微观管理视角，将理论分析与实证分析相结合、一般分析与案例分析相结合、管理学分析与跨学科分析相结合，详细分析和探究文化创意管理价值链，包括文化资源、内容创意、产品生产、市场推广、消费者在内的各个环节，系统整体构筑创意管理的理论体系，将填补我国创意管理系统研究的空白，对推动我国文化创意产业的长远发展有着重要的理论指导意义。

（三）实践价值

我国有着丰富而灿烂的文化资源，毫无疑问是文化资源的大国。但从所占全球文化市场的份额而言，目前中国还绝不是文化资源的强国。在创意经济时代，从文化大国到文化强国的转变，必须以文化创意和创意管理为内生动力。

创意管理研究系列丛书从微观的企业角度，分析和研究文化，特别是中国传统文化在创意经济中的表现形式和活动特征，探索和总结创意管理的一般规律和有益经验，以中国特色的创意管理，将有力地推动"中国制造"向"中国创造"转型，可以更大限度地体现商品的文化价值，更大范围地延长创意产品的文化价值链，更大幅度地满足人的经济、技术、文化等综合效用和个性偏好，更大程度地满足人民群众的超越性需求，为创意时代推动社会进步和文明进程做出积极贡献。

实践是检验真理的唯一标准。要实现上述目的，必须依赖脚踏实地、持之以恒的创意和创意管理实践，特别是中国文化企业家的笃实践行——文化企业家独特而充满激情地将艺术家的梦想与企业家的冒险以创造的方式结合起来，并在创意企业的经营和创意产业的发展中实践，必将迎来我国创意管理辉煌的明天。

2014 年 7 月于四川大学

前　言

经济社会的不断发展，人们物质生活水平的持续改善以及消费观念的转型升级，催生了近几年的"博物馆热"。作为城市中最重要的公共文化机构之一，博物馆已经成为大多数人首选的文化消费目的地，参观博物馆也已成为大多数人的一种生活习惯。然而，随着参观人数的激增及人们要求的不断提升，博物馆已越来越不能满足人们日益增长的各种需求。在影响博物馆参观者需求的众多因素中，参观者的体验价值日益受到学术界与实践界的广泛关注。

与其他领域对消费者体验价值的研究相比，博物馆情景下参观者体验价值的研究还相对缺乏。已有学者关注到博物馆参观者的重要贡献，并开始尝试让博物馆与参观者合作或与参观者共同创造体验。也有学者开始探索参观者的知识背景和参观计划对博物馆体验价值的影响，并在未来展望中指出参观者动机是影响博物馆体验价值的前因要素待未来研究。尽管以往学者已经开始认识到体验价值在满足参观者需求方面的重要作用，但相关研究仍处于探索阶段，对于影响参观者体验价值的前因与结果仍缺少实质性的解决方案。有鉴于此，本书基于体验经济理论和价值共创理论，从参观者动机视角出发，探索博物馆体验价值的影响因素与作用机理，实证检验参观者动机对体验价值、参观者动机对参与和互动等的影响及其边界条件，为博物馆参观者体验价值的研究及博物馆管理层决策提供有价值的理论参考。

本书以"参观者动机视角下博物馆体验价值"为研究主题，主要研究内容包括三个方面：一是以体验经济理论和价值共创理论为基础，在系统梳理已有文献的基础上，识别出参观者动机视角下博物馆体验价值中的关键变量。二是选择有代表性的中国成都 7 家博物馆的参观者进行访谈，从定性的角度归纳参观者动机视角下博物馆体验价值的初始命题，结合已有的相关文献进一步提出研究的相关假设和构建研究的概念模型。三是通过研究设计获得样本数据，采用实证方法检验分析参观者动机视角下体验价值的影响与作用机理，之后对假设验证结果进行讨论，最后得出研究的主要结论、理论贡献和管理启示。

本书以实证分析为主导，综合运用结构方程、回归分析等方法，较为系统地考察了参观者动机视角下博物馆体验价值的相关问题。主要研究结果有六个：一是参观者的探索与教育动机对其审美体验价值、教育体验价值、娱乐体验价值及逃避现实体验价值都有增强作用，参观者的社会交往动机对其审美体验价值、教育体验价值及娱乐体验价值都有增强作用，参观者的放松与逃避动机对其审美体验价值、娱乐体验价值及逃避现实体验价值都有增强作用。二是参观者的探索与教育动机对其参与和互动都有促进作用，参观者的放松与逃避动机仅对其互动有促进作用，参观者的社会交往动机仅对其参与有促进作用。三是参观者的互动对其审美体验价值、教育体验价值、娱乐体验价值及逃避现实体验价值都有提升作用，参观者的参与仅对其教育体验价值有提升作用。四是参观者的审美体验价值、教育体验价值、娱乐体验价值及逃避现实体验价值都影响到了其参观后的体验强化，参观者的教育体验价值和逃避现实体验价值都影响到了其参观后的内容生成。五是参观者的参与和互动在探索与教育动机和教育体验价值之间发挥双重中介效应，参观者的互动在探索与教育动机和逃避现实体验价值之间、探索与教育动机和娱乐体验价值之间、探索与教育动机和审美体验价值之间、放松与逃避动机和逃避现实体验价值之间、放松与逃避动机和审美体验价值之间发挥部分中介效应。六是参观者的理论知识在探索与教育动机和教育体验价值之间、放松与逃避动机和审美体验价值之间存在正向调节效应，参观者的经验知识在探索与教育动机和审美体验价值之间、探索与教育动机和逃避现实体验价值之间存在正向调节效应。

本书研究属于营销和旅游等领域的跨学科问题，其主要理论贡献有三个：一是基于参观者动机视角，促进博物馆体验价值的理论建构。尽管博物馆参观者体验价值的研究已经引起一些学者的关注，但相关研究仍处在问题描述和现象解读阶段，实证研究比较缺乏。本书从参观者动机视角较为全面地讨论了博物馆体验价值的前因、核心要素及结果，经实证分析所得到的主要研究结论有助于更好地理解博物馆体验价值的影响与作用机理，也使博物馆体验价值的相关研究从问题描述和现象解读阶段上升到机理探究与实证分析层面。在研究思路上，对以往学者在未来展望中提出的研究问题进行了回应，即参观者动机是影响其体验价值的前因要素待进行探索。之后根据访谈资料和相关文献提出研究假设并构建了参观者动机视角下博物馆体验价值的研究模型，相关研究不仅丰富了博物馆体验价值的实证成果，而且促进了博物馆体验价值的理论建构。二是立足新的研究情景，丰富体验经济理论和价值共创理论。近年来，随着越来越多的人走进博物馆，参观者对体验的要求越来越高。本书基于体验经济理论和价值共创理论，比较全面地探索了博物馆体验价值的前因与结果，经实证验证了参观者的参与和互动在动机和体验价值之间的双重中介效应和部分中介效应，参观者的理论知识和经验知识在动机和体验价值之间发挥调节效应。此外，营销与旅游等领域的一些学者都指出参与和互动是体验价值共创的主要方式，通过文献梳理与实证分析发现上述机制在博物馆情景下体验价值的共创中同样适用，从而进一步明确了参观者的参与和互动作为体验价值共创的主要方式，以上相关研究结论进一步丰富了体验经济理论和价值共创理论。三是关注体验价值的前因与结果，拓展参观者动机的相关研究。游客的动机决定了旅行的原因、特定旅游目的地的选择以及游客对旅行体验的总体满意度。动机一直被证明是旅游业和酒店业的核心概念，已有研究缺乏具体动机对参与、互动及体验价值的影响研究，本书实证分析了参观者的探索与教育动机、社会交往动机及放松与逃避动机对参与、互动、体验价值的影响，参观博物馆的具体动机、参与、互动及体验价值之间的关系探究进一步拓展了参观者动机的相关研究。

　　本书的实践意义在于，促使博物馆管理人员认识到体验价值的提升在满足参观者需求方面的重要性。促进博物馆重视参观前、参观期间和参观后的过程管理并关注参观者的具体动机和知识背景在其体验价值提升中的影响，为持续提升博物馆的吸引力提供管理建议，为政府部门完善博物馆扶持政策提供决策参考。

Preface

The continuous development of the economy and society, the continuous improvement of people's material living standards and the transformation and upgrading of consumption concepts have given birth to the "museum fever" in recent years. As one of the most important public cultural institutions in the city, museums have become the first choice for most people's cultural consumption destinations, and visiting museums has also become a life habit of most people. However, with the surge in the number of visitors and the continuous improvement of people's requirements, museums have become increasingly unable to meet people's growing needs. Among the many factors that affect the needs of museum visitors, the experience value of visitors has received increasing attention from academic and practical circles.

Compared with the research on consumer experience value in other fields, the research on visitor experience value in the museum situation is relatively lacking. Scholars have paid attention to the important contributions of museum visitors and have begun to try to make museums cooperate with visitors or create experiences with visitors. Some scholars have also begun to explore the influence of visitors' knowledge background and visiting plan on the experience value of the museum, and pointed out in the future prospects that the motivation of visitors is the antecedent element that affects the experience value of the museum to be studied in the future. Although scholars in the past have begun to recognize the important role of experience value in meeting the needs of visitors, related research is still in the exploratory stage, and there is still a lack of substantive solutions to the antecedents and results that affect the experience value of visitors. In view of this, this book is based on experience economy theory and value co-creation theory, from the perspective of visitor motivation, explores the influencing factors and mechanism of museum experience value, and empirically test the influence of visitor motivation on experience value, visitor motivation on participation and interaction and its boundary conditions, and provide valuable theoretical references for the study of museum visitor experience value and museum management decision-making.

This book takes "the value of museum experience from the perspective of visitor motivation" as the research theme. The main research contents include three aspects: First, based on experience economy theory and value co-creation theory, and on the basis of systematically combing the existing literature, identify the key variables in the museum experience value from the perspective of visitors' motivation. Second, select representative visitors from 7 museums in Chengdu, China to conduct interviews, summarize the initial propositions of museum experience value from the perspective of visitors' motivation from a qualitative perspective, and combining the existing related literature to further propose the relevant hypotheses of the research and construct the conceptual model of the research. Third, obtain sample data through research and design, use empirical methods to test and analyze the influence and mechanism of experience value from the perspective of visitor motivation, then discuss the results of hypothesis verification, and finally draw the main conclusions, theoretical contributions and management implications of the research.

This book is led by empirical analysis, comprehensively using structural equations, regression analysis and other methods to systematically investigate related issues in the process of museum experience value from the perspective of visitors' motivation. There are six main research findings: First, the visitors' exploration and educational motives can enhance their aesthetic experience value, educational experience value, entertainment experience value, and escapism experience value. Visitors' social interaction motives contribute to their aesthetic experience value, educational experience value, and entertainment experience value. Visitors' relaxation and escape motives have an enhanced effect on their aesthetic experience value, entertainment experience value and escapism experience value. Second, the visitors' exploration and education motivations promote their participation and interaction, and visitors' relaxation and escape motivations promote their interaction. The social interaction motivation of the visitors only promotes their participation. Third, the visitors' interaction can enhance their aesthetic experience value, educational experience value, entertainment experience value and escapism experience value, and the participation of visitors can only enhance the educational experience value. Fourth, the visitors' aesthetic experience value, educational experience value, entertainment experience value, and escapism experience value all affect the experience intensification after the visit, and the visitor's educational experience value and escapism experience value affect the content generation after the visit. Fifth, the participation and interaction of visitors has a double mediating effect between exploration and educational motivation and educational experience value. The interaction of visitors is between exploration and educational motivation and escapism experience value, between exploration and educational motivation and entertainment experience value. There are some mediating effects between exploration and education motivation and aesthetic experience value, between relaxation and escape motivation and escapism experience value, and between relaxation and escape motivation and aesthetic experience value. Sixth, the visitors' theoretical knowledge has a moderating effect between exploration and educational motivation and educational experience value, between relaxation and escape motivation and aesthetic experience value. The empirical knowledge of visitors has a positive moderating effect between exploration and educational motivation and aesthetic experience value, between exploration and education motivation and escapism experience value.

This book studies interdisciplinary issues in the fields of marketing and tourism, and has three main theoretical contributions: The first is to promote the theoretical construction of museum experience value based on the perspective of visitors' motivation. Although the research on the experience value of museum visitors has attracted the attention of some scholars, related research is still at the stage of problem description and phenomenon interpretation, and empirical research is relatively lacking. This book comprehensively discussed the antecedents, core elements and results of museum experience value from the perspective of visitors' motivation. The main research conclusions obtained through empirical analysis help to better understand the influence and mechanism of museum experience value. The related research of museum experience value has risen from the stage of problem description and phenomenon interpretation to the level of mechanism inquiry and empirical analysis. In terms of research ideas, it responds to the research questions raised by previous scholars in their future prospects, that is, visitor motivation is an antecedent factor that affects their experience value, which needs to be explored. After that, based on interview data and related literature, research hypotheses were proposed and a research model of museum experience value from the perspective of visitor motivation was constructed. Relevant research not only enriched the empirical results of museum experience value, but also promoted the theoretical construction of museum experience value. The second is to enrich experience economic theory and value sharing based on new research scenariostheory. In recent years, as more and more people enter the museum, visitors have higher and higher requirements for experience. Based on experience economy theory and value co-creation theory, this book has explored the antecedents and results of museum experience value in a comprehensive way, and verified the double mediating effect and partial mediation of visitor's participation and interaction between motivation and experience value. The theoretical knowledge and empirical knowledge of visitors play a moderating effect between motivation and experience value. In addition, some scholars in the fields of marketing and tourism have pointed out that participation and interaction are the main ways of co-creating experience value. This study found that the above-mentioned mechanism is also applicable to the co-creation of experience value in the museum setting through literature review and empirical analysis. It is clarified that visitor participation and interaction are the main ways of experience value co-creation, and the above relevant research conclusions have further enriched the theory of experience economy and value co-creation. The third is to focus on the antecedents and consequences of the experience value, and expand the related research on the motivation of visitors. The motivation of the tourist determines the reason for the trip, the choice of a specific tourist destination, and the overall satisfaction of the tourist with the travel experience. Motivation has always been proven to be the core concept of the tourism and hotel industry. Existing studies lack specific research on the impact of specific motives on participation, interaction and experience value. This research empirically analyzes visitors' exploration and education motivation, social interaction motivation, and relaxation and the influence of escape motivation on participation, interaction, and experience value, and the exploration of the relationship between specific motivation, participation, interaction and experience value of visiting museums further expands the related research on visitor motivation.

The practical significance of this book is to encourage museum managers to realize the importance of enhancing experience value in meeting the needs of visitors. Promote the museum to pay attention to the process management before, during and after the visit and pay attention to the influence of the specific motivation and knowledge background of the visitors in the improvement of their experience value, provide management suggestions for the continuous improvement of the museum's attractiveness, and improve the museum support for government departments policies provide reference for decision-making.

目　录

CONTENTS

CONTENTS

第一章　绪论

第一节　研究背景

改革开放 40 多年来，随着人们物质消费的极大满足以及对精神文化生活的迫切需求，各类文化产业和文化事业呈井喷式发展，越来越多的人开始从中国博大精深的文化中去探寻精神生活的慰藉（Liu，2020；肖昕和景一伶，2021；Zhou，2019）。博物馆作为承载中华优秀文化的一个重要空间载体，已经成为人们首要考虑的文化消费目的地之一（李竹，2021；Vareiro 等，2020；杨永忠，2018；Zhu 和 Ai，2020）。据报道，2016~2019 年，每年中国博物馆的参观人数增量都在 1 亿人次以上，2019 年博物馆参观人数达 12 亿人次，全国 5535 家博物馆举办展览 2.86 万场、举办各种活动近 26 万次。然而，现实中大多数博物馆都面临着其他文化休闲服务机构的激烈竞争，同时要在资金紧张的情况下想尽办法满足参观者的各种需求。此外，大多数博物馆的定位仍旧停留在教育功能以及如何带给参观者的教育体验方面，忽视了人们日益增长的多样化与个性化的需求（Manna 和 Palumbo，2018；Su 和 Teng，2018；Vom Lehn，2006）。

针对以上问题，营销和旅游等领域的一些学者指出消费者体验价值的重要性（Antón 等，2017；Campos 等，2015；Grönroos，2008；Harkison，2018；Prebensen 等，2013；Shaw 等，2011）。本书将探索参观者动机视角下博物馆体验价值的相关问题。一般而言，参观博物馆的过程可以分为三个阶段：参观前、参观期间及参观后（Antón 等，2017；Kuflik 等，2015）。参观前，研究者主要关注的是参观者的知识背景、计划、态度和动机等要素（Falk 和 Dierking，2000；Hein 和 Alexander，1998），不同的要素可能会对参观期间的参与和互动行为产生不同的影响并最终影响到参观者体验价值。

参观期间，参观者通过各种参与和互动行为，获得审美体验价值、教育体验价值、娱乐体验价值及逃避现实体验价值（Pine 和 Gilmore，1998），这是博物馆体验价值的共创环节。参观后，基于参观期间获得的各种体验价值，参观者可能会与家人、朋友等分享愉快的博物馆之旅，或在旅游网站上撰写旅游日志，或在有机会的情况下给博物馆提出一些建议，这称为内容生成。同时，参观者也会在网上进一步搜索了解博物馆的相关信息，或者期望参加博物馆未来的活动，这称为体验的强化（Antón 等，2017；Jaime，2018）。

博物馆作为城市旅游中最受欢迎的文化景点类型之一，它独特的文化和历史底蕴会让参观者对过去有一个新的感知（McKercher，2004）。功能的不断拓展使博物馆从一个静态的藏品仓库变成一个动态的供人们学习、休闲、娱乐的社交场所（Hooper-Greenhill，1994）。不同的参观群体往往选择不同的时间走进博物馆，除了作为旅游的一部分外，工作日和假期的日常参观也越来越普遍（Falk 和 Dierking，1992；Hooper-Greenhill，2006）。从上述分析可以发现，虽然博物馆情景下的体验有其特殊性，但体验价值的相关研究则很少被揭示。已有学者对博物馆体验价值做了一些探索，例如，Simon（2010）在《参与型博物馆》一书中通过案例分析，介绍了博物馆如何提升参观者参与性的一些做法，包括把参观者当作贡献者、与参观者一同合作以及与参与者一同创作。Minkiewicz 等（2014）以遗产部门为例探索了消费者如何共同创造他们的体验价值，指出了在访问期间消费者以合作生产、参与和个性化的形式进行共创活动。Antón 等（2017）从参观者之前的知识和计划视角，探索了博物馆参观者的体验价值作为共同创造的过程。尽管以上学者已经认识到体验价值的重要性，但相关研究仍处于探索阶段，对于参观者体验价值的影响因素与作用机理仍缺少实质性的解决方案。Falk 和 Dierking（2000）在研究中指出，游客的动机和先前游客的经历影响了博物馆游客的体验。Antón 等（2017）在未来展望中指出，参观者动机是博物馆体验价值中被忽略的前因要素待未来探究。此外，动机在营销和旅游等领域受到广泛关注，常常被描述为行为背后的主要驱动力，并直接影响人们的整体体验感知（Ma 等，2017）。因此，本书在已有学者探索的基础上，以中国成都 7 家知名的博物馆参观者为调研对象，探索参观者动机视角下博物馆体验价值的影响与作用机理，具体探究参观者动机如何影响参观期间的参与、互动及各体验价值，参观期间的参与和互动如何直接影响其体验价值，参观者各体验价值如何影响其参观后的行为意愿等。

第二节 研究意义

一、理论意义

本书研究属于营销和旅游等领域的跨学科问题，也是创意管理学这一新兴领域的关注话题（杨永忠，2018）。基于参观者动机视角分析博物馆体验价值的相关问题，旨在明晰参观者动机视角下博物馆体验价值的影响因素与作用机理，其理论意义主要有以下五个方面：

第一，诠释参观者动机视角下博物馆体验价值的特征。本书以体验经济理论和价值共创理论为基础，探讨参观者动机视角下博物馆体验价值的相关问题，博物馆体验价值的生成一般包括三个阶段：参观者从参观前的动机，到参观期间的参与、互动，再到参观后的内容生成和强化。通过分析体验价值的影响因素与作用机理，描述参观者动机视角下博物馆体验价值的相关特征，力争为营销和旅游等交叉领域的相关研究做出理论方面的贡献。

第二，探究博物馆情景下参观者体验价值的特殊性。与营销和旅游领域的顾客体验价值相比，博物馆参观者体验价值有其特殊性，部分学者探索了营销和旅游领域顾客体验价值的影响因素（Campos 等，2016；Harkison，2018）。然而，在博物馆情景下体验价值的研究则相对较少。实践中，每年参观博物馆的人数增量都在 1 亿以上，且越来越多的人选择在日常走进博物馆，博物馆已经成为城市中最受欢迎的文化消费目的地和公共文化机构。如何满足博物馆参观者的需求，如何持续提升参观者的体验价值是很多学者关心和关注的问题。

第三，剖析参观者的参与和互动在体验价值共创中的作用机制。已有研究发现了营销和旅游等领域参与和互动的前因与结果，很多学者都指出了顾客的动机是顾客参与的重要前因变量以及游客的动机是其旅游期间参与和互动的重要影响因素（Bilgihan 等，2015；Edmonds 等，2006；Jung 和 Yoon，

2012；Vega-Vazquez，2013），且顾客在生成、设计等环节的参与对顾客体验价值有重要的促进作用，游客的参与和互动行为也显著影响了游客的体验价值，但在博物馆情景下参与、互动和动机及体验价值的关系仍十分模糊。因此，本书通过实证分析参观者动机对参与和互动、参观者参与和互动对体验价值的影响，剖析参观者参与和互动在动机和体验价值之间的作用机制，研究结论将进一步丰富相关理论的已有成果。

第四，检验参观者知识在体验价值影响中的作用机理。参观者的知识、计划、动机及以往经历是影响参观者体验价值的重要前因，已有研究发现了顾客知识或游客知识对购物体验或旅游体验的影响（Gursoy，2003；Mourali，2010；Teichmann，2016）。Antón等（2017）在探索博物馆体验价值作为共同创造的过程时指出参观者的知识对其体验价值都有显著正相关作用。但知识在体验价值影响中的作用机理仍比较模糊。因此，本书分析参观者的理论知识与经验知识在动机和体验价值之间的边界效应，研究将进一步完善相关理论的已有成果。

第五，探讨不同情境下参观者体验价值的影响及结果差异。已有研究指出，博物馆情景下参观者的参与和互动行为对教育体验价值都有促进作用，参观者的参与行为也对娱乐体验价值和逃避现实体验价值有促进作用。此外，参观者的教育体验价值与逃避现实体验价值对强化和内容生成有增强作用，本书中的实证结果与已有学者的研究有一定的差异，这种结果的差异将揭示不同情境下变量之间影响及差异性的原因，为博物馆今后更加精准的管理提供理论上的支持。

二、实践意义

近年来，文化产业和文化事业迅猛发展，作为承载我国优秀文化的博物馆也正处于发展的关键时期，不断提升参观者的体验价值是促进传统文化复苏、建立文化自信的必然选择。在此背景下，本书期望在以下三个方面发挥实践指导作用：

第一，促进博物馆管理层认识到体验价值在满足参观者需求方面的重要性并关注博物馆使命和功能的演变。在以往参观者体验的基础上，博物馆应鼓励参观者通过共创的方式获得新的体验价值，以满足人们日益增长的多样化与个性化的体验需求。同时要关注博物馆使命和功能的不断演变，现代博物馆是集学习、休闲、娱乐功能为一体的社交场所。博物馆的使命从传统的收藏、保存、展示和对过去的了解转变为一个能够提供各种文化休闲娱乐服务的地方，博物馆需要在一个更友好的环境中去吸引游客。博物馆服务通常包括展览以及其他有形或无形的服务和体验（Chan，2009），例如，组织课程和研讨会、书店、餐馆、小册子和其他设施，提供更好的访问和解释信息以及态度和价值观传递给客人（De Rojas 和 Camarero，2008）。此外，现代博物馆传统的收藏和展览创造了历史回忆，功能也扩展到了娱乐等方面，满足了参观者轻松和乐趣的期望（Sheng 和 Chen，2012）。博物馆已经成为城市中的教育娱乐服务中心，为人们提供各种各样的活动。新一代的参观者更需要与之互动，并成为展览的一部分。然而，博物馆正与许多其他类型的休闲娱乐活动展开竞争，例如，电影、体育赛事、剧院等。越来越多的参观者寻找一种包括休闲、文化、教育和社会互动的全方位体验（Aalst 和 Boogaarts，2004；Colbert，2003；Geissler 等，2006；Heidenreich 和 Plaza，2015）。所以，功能的不断演变促使博物馆管理层不断调整运营思路与服务理念，从而在与其他文化休闲服务的竞争中获得优势。

第二，鼓励博物馆管理人员更加重视参观前与参观后的过程管理，并关注参观过程中的关键因素，从参观者体验价值对内容生成、强化的影响看，当参观结束后，博物馆工作人员的工作仍要继续，在网络平台和参观者互动区域继续与参观者交流，获得他们参观后的感受、分享以及建议，重视参观后管理，为吸引他们下次参观或引导更多的参观者进行正向口碑传播。参观博物馆也是一种以社会为导向的休闲活动，是一种愉快的、公共的、三位一体的、身心合一的体验旅程，大多数用户想要的是一种社交体验，在这种体验中，他们可以放松、聊天、互动、探索，如果他们愿意，还可以参与、贡献甚至合作（Black，2018）。人们进入博物馆已不满足于被动的参观，在各种动机的驱动下，人们会更加主动地通过参与或互动来获得各种体验和满足参观需求，这就要求管理人员要重新设计博物馆的相关活动和不断优化参观的模式，吸引和鼓励更多的参观者去参与和互动，以满足各类参观者日益增长的多元化需求，并获得更丰富的体验价值。

第三，为政府部门完善博物馆相关扶持政策体系提供决策参考。已有学者指出博物馆参观者的知识背景对各体验价值都有重要的促进作用，营销和旅游等领域的学者也指出顾客知识/游客知识对购物体验价值/旅游体验价值的重要影响。本书证实参观者的理论知识和经验知识是动机和体验价值之间的重要调节机制，博物馆和政府有关部门应加大各项文化活动的开展及普及文化类活动的相关知识，同时鼓励博物馆主动融入社区、学校与工厂。

第三节　研究思路与研究内容

一、研究思路

本书首先以体验经济理论和价值共创理论为基础，结合有关文献探讨参观者动机视角下博物馆体验价值的相关问题，在理论基础和文献分析的基础上，通过定性分析提出参观者动机视角下博物馆体验价值的初始命题，结合已有文献提出研究假设和构建研究的概念模型。其次选择不同类型的博物馆作为试验地，进行小样本测试和正式调研。最后以大规模的线下调研数据为基础，运用回归分析、结构方程等统计分析方法，对样本数据进行分析。根据实证数据得出研究结果并对结果进行讨论，之后归纳出研究结论并提炼本书的理论贡献。

二、研究内容

本书以体验经济理论和价值共创理论为基础，以定性与定量相结合的方法为手段，以参观者动机视角下体验价值为逻辑主线，构建理论研究框架。主要研究内容具体如下：

第一章为绪论。介绍研究的背景、研究的理论意义与实践意义、研究的思路与研究内容、研究方法与技术路线，最后阐述本书的主要创新之处。

第二章为理论基础与文献综述。首先对所基于的基础理论——体验经济理论和价值共创理论进行梳理，其次对博物馆参观者、动机、参与和互动、内容生成和强化的相关文献进行梳理分析、归纳，最后是文献述评。

第三章为参观者体验价值的初始命题。在理论基础与文献综述的基础上，通过对博物馆参观者进行深度访谈，采用扎根理论对访谈资料进行编码整理，提炼出初始研究命题并构建初始研究框架。

第四章为研究假设提出与概念模型构建。在提出初步研究命题和研究框架的基础上，根据动机对体验价值、动机对参与、动机对互动等相关文献进行梳理，提出相关的研究假设，并构建参观者动机视角下博物馆体验价值的研究模型。

第五章为参观者体验价值的研究设计。主要包括问卷设计、研究量表的筛选及变量的测量、小样本测试。通过正式调查问卷获取研究的样本数据，并对收集的有效数据进行描述性统计分析、正态检验和共同方法偏差检验。

第六章为参观者体验价值的实证检验。通过验证性因子分析、信度检验、相关性分析、结构方程分析、回归分析、中介效应检验及调节效应检验等进行实证分析。

第七章为参观者体验价值的结果讨论。包括参观者体验价值的前因讨论、参观者体验价值共创的过程讨论以及参观者体验价值的作用讨论。

第八章为主要研究结论与展望。包括主要研究结论、理论贡献、管理启示、局限与展望。主要对研究假设检验的情况进行总结，并对主要的结论进行归纳整理和讨论，提出博物馆管理方面的启示，最后指出本书的局限及下一步要研究的方向。

第四节　研究方法与技术路线

本书综合运用定性与定量分析方法进行参观者动机视角下博物馆体验价值的理论探讨和参观者体验价值影响与作用机理的研究，现将采用的三个主要方法总结如下：

（1）文献研究和实地调研相结合。文献研究主要是从学校图书馆电子资源库收集关于博物馆、参观者、动机、体验、体验价值等为主题词的相关文献。并重点关注了本领域的一些重要期刊，如 *Journal of Travel Research*、*Current Issuesin Tourism*、*Tourism Management*、*Creativity and Innovation Management*

等，对相关文献进行深入的学习与研究，把握国际前沿的热点问题与研究进度，从而为研究假设提出、概念模型构建等提供理论上的支撑。此外，通过实地调研，与参观者、博物馆管理层、工作人员进行交流，了解博物馆日常组织的参与、互动项目，并观察参观者的行为，为本书研究提供一些现实方面的资料。

（2）理论研究与实证研究相结合。本书采用理论研究方法，对当前研究的热点理论——体验经济理论和价值共创理论进行梳理，并对相关的文献进行广泛查阅、收集和研读，比较全面地掌握了这些领域的相关理论和最新研究成果，为本书的构思设计、研究假设提出以及理论模型构建奠定理论基础。本书以成都 7 家博物馆的参观者调研数据为基础，采用实证研究方法，运用 AMOS24.0 和 SPSS24.0 进行统计分析。

（3）深度访谈与问卷调查相结合。本书将营销与旅游等领域的热点话题——价值共创理论应用到博物馆构建体验价值共创机制的实践中，尝试研究参观者体验价值的影响因素与内在作用机理，由于可供直接借鉴的文献不多，在变量选择以及变量类别的划分上存在不确定性，因此深度访谈成为一种必要的研究方法。通过深度访谈获取的重要信息，为研究假设的提出和理论模型的构建提供了重要参考。深度访谈主要有对博物馆管理人员参与共创活动意愿及考虑因素的访谈；对博物馆、旅游、管理等领域专家对于测量量表修订的访谈；对不同类型参观者参与价值共创意愿和考虑因素以及对测量量表意见的访谈。为进一步验证深度访谈归纳的研究命题，本书采用问卷调查方法获取实证数据。问卷将采用发放线下纸质问卷和电子扫描问卷相结合的方式，将主要调研艺术类、科技类、历史类和综合类博物馆。

本书的技术路线如图 1-1 所示。

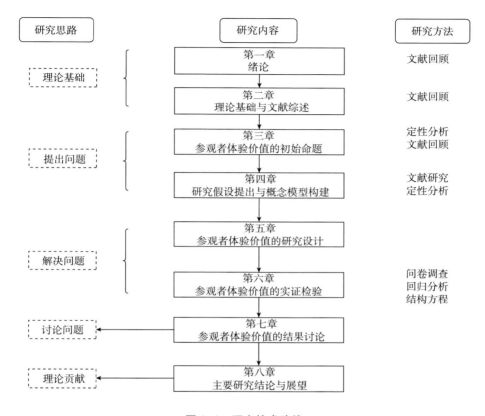

图 1-1　研究技术路线

第五节　主要创新之处

本书旨在探讨参观者动机视角下博物馆体验价值的前沿问题，在研究视角和内容上具有以下四个方面的创新：

（1）拓展博物馆参观者体验价值研究新视角。Simon（2010）通过案例分析，描述了把参观者当作贡献者、与参观者一同合作以及与参与者一同创作。Minkiewicz 等（2014）探索了消费者在访问期间以合作生产、参与和个性化形式共同创造体验价值的问题。Antón 等（2017）从参观者知识和计划的视角初步探索了博物馆参观者的体验价值作为共同创造的过程，以上学者开启了博物馆参观者体验价值研究的先河。随着博物馆成为城市中具有吸引力的旅游休闲目的地和综合公共文化机构，对博物馆的各项研究亟须更加深入和全面。参观者的动机作为行为的重要影响因素（Yoon 和 Uysal，2005），是和参观者知识、计划一样重要的前因变量（Antón 等，2017），本书通过参观者动机视角深度分析博物馆体验价值的影响机理，拓展博物馆情景下体验价值的研究视角，为今后更好地满足人们日益增长的多元化体验需求提供理论上的支撑。本书在 Simon（2010）、Minkiewicz 等（2014）及 Antón 等（2017）研究的基础上，提出参观者动机视角下体验价值的研究模型，即参观前主要关注参观者的动机，参观期间主要关注参观者的参与和互动行为以及由此获得的各种体验价值，参观后主要关注参观体验带来的内容生成和体验的强化。

（2）揭示参观者的参与和互动在动机和体验价值之间的中介作用机制。Falk 和 Dierking（2000）在研究中指出访客的互动和参与是参观者获得体验的重要方式。Yoon 和 Uysal（2005）的研究指出，动机作为行为的重要前因变量，对参观期间的参与和互动行为有直接影响，同时对博物馆的参观体验有直接影响。已有学者指出了动机对体验、动机对互动、动机对参与、参与对体验、互动对体验的影响（Bilgihan 等，2015；Edmonds 等，2006；Jung 和 Yoon，2012；Vega-Vazquez 等，2013），但参观者的参与和互动在动机和体验价值之间的内在作用机制仍需明确。因此，本书检验了参与、互动在动机和体验价值之间发挥的中介效应，研究结果揭示参观者的参与、互动在其动机和体验价值之间的内在作用机制。

（3）验证参观者的理论知识和经验知识分别在动机和体验价值之间的调节效应。Utman（1997）在研究动机和体验之间的关系时指出，人们参与某项活动的动机越强烈，他就越愿意参与到这项活动中，他从中获得的体验价值可能就越多。参观者以某种动机走进博物馆，在获得某种参观体验以及后续的行为意愿中，通常会受到参观者信息处理能力的影响，而参观者的知识背景是其信息处理能力的关键变量（Jing 和 Wyer，2010；Lan 和 Toubia，2015）。许多研究都表明，具有不同知识背景的个体在信息处理方面显著不同。Antón 等（2017）验证了参观者的知识对其体验价值的正相关影响。尽管以往学者都指出知识会影响到参观者的体验价值，但参观者知识是否会促进动机对体验价值的影响还需要深入挖掘。因此，本书实证检验了参观者的理论知识和经验知识在动机和体验价值之间的调节效应，研究结果验证了参观者的知识背景在动机和体验价值之间的作用机制。

（4）发现参观者体验价值的影响因素及结果在不同情境下的差异性。参观者的体验始于参观前，主要发生在参观的过程中，并在参观后继续回忆和反思（Kuflik等，2015）。Antón等（2017）在研究中指出，参观者的参与对其逃避现实体验价值、教育体验价值及娱乐体验价值有正相关影响，参观者互动仅对其教育体验价值有正相关影响，而本书的实证表明，参观者互动对各体验价值都有正相关影响，参观者参与仅对其教育体验价值有正相关影响，与已有学者研究结果有差异。研究结果的差异反映了两地参观者在参与和互动方面的异同。在参观者体验价值对内容生成和强化的影响研究中，参观者的逃避现实体验价值和教育体验价值对其强化和内容生成有正相关影响，而本书表明参观者的各体验价值对其强化都有正向促进作用，教育体验价值和逃避现实价值对其内容生成有正向促进作用，与已有学者的研究结果相比，参观者体验价值对内容生成的影响是一致的，而参观者体验价值对其强化的影响并不一致，可能的原因是样本选择的博物馆带给参观者更多的审美体验和娱乐体验，也可能是不同文化和认知所导致的结果差异。

第二章 理论基础与文献综述

第一章主要阐述了本书的研究背景、研究意义、研究思路与研究内容、研究方法与技术路线以及主要创新之处，本章主要包括三个部分：第一部分是研究的理论基础，主要介绍体验经济理论和价值共创理论；第二部分是相关研究综述，主要阐述博物馆参观者研究、参观者动机研究、参观者参与和互动研究、参观者内容生成和强化研究；第三部分是研究述评。

第一节 理论基础

一、体验经济理论

体验经济首次被 Toffier（1971）在《未来的冲击》一书中提到，Toffier（1971）指出，体验经济是与农业经济、工业经济和服务经济同等重要的一种经济类型，是服务经济的升级版，主要描述的是顾客的一种主观性满足和心理体验。Pine 和 Gilmore（1998）在《哈佛商业评论》上进一步阐述了对体验经济的理解，他们认为，"体验经济是企业以服务为舞台，以商品为道具，以消费者为中心，创造令消费者难忘的一种体验活动"，体验经济的相关论述强调了经济转变的机理以及服务的重要性。Pine 和 Gilmore（1999）在研究中进一步强调，随着人们物质条件的不断提升，消费者越来越渴望获得独特的体验，企业在销售商品时应该向消费者提供难忘的体验，企业应逐渐从销售商品转向销售服务、销售体验，旅游行业依靠其商业经营游客体验是体验经济论述中的典型案例。之后，体验经济理论被广泛应用于营销和旅游等领域的相关研究中（Preko 等，2020；Song 等，2015）。

Pine 和 Gilmore（1998）在阐述体验经济时提出了"分阶段体验"的模式，强调了沉浸、吸收和参与作为强化旅游体验的重要性。Pine 和 Gilmore（1999）在研究中进一步指出，"体验可以定义为以个人方式参与的事件"。之后，Pine 和 Gilmore（1998，1999）根据消费者参与体验的方式，探讨了四种类型的顾客体验，分别为审美体验、教育体验、逃避现实体验及娱乐体验。同时，体验又可以分为消费者对体验的参与和与体验的紧密联系两类，在参与方面，消费者可以主动或被动地参与体验，消费者在影响体验时积极参与体验，而在不影响体验的情况下则被动地参与体验；就与体验的紧密联系而言，消费者既可以吸收体验，也可以沉浸在其中。当消费者与体验之间有一定距离时，他们就会吸收体验；当消费者和体验之间没有距离时，他们就会沉浸在体验中。从以上分析可以看出，消费者的参与和沉浸行为对体验有重要影响。本章主要探索参观者动机视角下博物馆体验价值的影响因素与作用机理，在上述体验经济理论的基础上，将从体验的概述、体验的类别、体验的影响因素及作用、体验和价值的关系以及体验经济理论在本书中的应用进行分别阐述。

1. 体验的概述

Toffier（1971）在研究中指出，未来的消费者将愿意为难忘的体验付出更高的代价，而体验将成为经济环境的新核心。在管理学视角下，体验强调要能给顾客提供令人难忘的事件，强调通过企业和顾客之间的积极互动而完成（Pine 和 Gilmore，1999）。顾客从以往注重商品的功能性需求到现在追求商品的个性化体验，企业从以往突出产品的服务品质到现在突出顾客的体验价值。同时，这种令人难忘的体验趋势也是差异化经济的一部分，而不仅仅是提供产品和服务。与对产品或服务的感知相比，人们对体验的感知往往具有很大的主观性，个体一般是基于已有的知识背景、动机或以往的经历来认识客观世界。知识背景、动机和以往经历的差异使个体获得的体验往往都是独一无二的，即使面对同样的情景或相同的刺激源，因个体对刺激源的反应差异，体验也有很大的不同（Albayrak 和 Caber，2018；Chandralal 和 Valenzuela，2013；Coudounaris 和 Sthapit，2017；Gnoth，1997）。体验通常需要个体在参与或互动中获得，顾客通过积极参与企业的生产、设计、服务等活动，获得一种经历的体验，顾客通过积极与企业的工作人员互动，获得另一种经历的体验（Andrades 和 Dimanche，2014；Campos 等，2016；Coudounaris 和 Sthapit，

2017）。当消费行为结束后，顾客获得的体验会逐渐减弱甚至消失，企业的管理层应继续安排工作人员与顾客保持联系，关注顾客购后的行为意愿，努力保持顾客体验状态的持续性，鼓励顾客进行正向口碑传播并吸引顾客再次惠顾（Liu 等，2019）。

本章主要关注营销和旅游领域中的体验，从顾客体验、游客体验到博物馆情景下的参观者体验。自 Schmitt（1999）提出"体验营销"一词后，学者开始讨论关于体验的内容，Schmitt 将体验定义为"遭遇、经历或通过体验生活的结果"，并提供"感官、情感、认知、行为和关系价值，取代功能价值"。Bowsijk 等（2007）在以一个新的视角探讨体验经济时指出，体验是一种超越日常生活的东西，是一种使其令人难忘的事物，它有助于个人的经历丰富。Oh 等（2007）讨论了 Pine 和 Gilmore 对体验的定义，得出了一个稍有不同的结论，他们认为，从客户的预期来看，体验"对那些消费这些活动的人来说，是愉快、迷人、难忘的经历"。Mossberg（2007）在研究中认为，客户以不同的方式进行体验，包括情感、身体、智力和精神。Sheng 和 Chen（2012）认为，体验是顾客对购买和使用商品或服务使用过程中或使用后的整体评价。尽管体验通常包括很多元素，但它都提供了情感上、身体上、智力上或精神上一种混合的感觉（Packer 和 Ballantyne，2016；Shaw 和 Ivens，2002）。

此外，许多学者在研究中指出，游客体验是旅游业的本质所在（Quan 和 Wang，2004；Uriely，2005），旅游体验的最重要表现是在不同的时空环境中参观、学习、享受和体验不同的生活（Stamboulis 和 Skayannis，2003）。Andersson（2007）在研究体验经济中的游客行为时把旅游体验看作是旅游生产和消费的结果或联系。谢彦君（2011）在研究中强调了游客所获得的旅游体验是一种与目的地情景全方位融合时的一种美好感受。Kamolpattana 等（2015）在研究泰国游客对旅游和博物馆导游的期望和体验后指出，游客的期望和导游的服务质量对游客的体验影响最大。从以上文献的分析可以看出，旅游业已从过去单纯提供产品或服务转向提供各类旅游体验，这一转变为游客提供了值得记住的东西和值得珍惜的想法，而不是过去简单地消费标准化的商品或服务（Adongo 等，2015；Binkhorst 和 Dekker，2009；Hultman 和 Hall，2012；Oh 等，2007）。

关于博物馆参观过程中的体验，Falk 和 Dierking（1992）在其《博物馆体验》一书中指出，游客体验不是一个静态的过程，而是一个动态的，包括参观者之前的目的和计划、参观期间的感知和参观后的评价过程。他们将博物馆体验定义为："从参观者开始产生参观的动机到参观博物馆活动结束的过程中参观者的所有想法、实际的行动和记忆的整体。"Otto 和 Ritchie（1996）认为，博物馆体验是观众在博物馆参观过程中感受到的主观心理状态，包括乐趣和享受的感觉、摆脱常规、与家人或朋友分享宝贵的时间或学习等。博物馆体验也是一种认知体验和情感体验，它们与参观者的个人和社会文化背景相关，而这两者是不可分割地交织在一起的，并与博物馆参观前、参观期间及参观后的时间相关（Falk 和 Dierking，2013；Kirchberg 和 Tröndle，2012）。Frey（1998）在研究博物馆体验时指出，与传统的博物馆作为过去展品保护者的概念相比，现在的博物馆将提供一种完整的体验感知。博物馆关注的焦点已经从展品转向观众，这种转变被 Cunnell 和 Prentice（2000）进一步强调，即游客体验已经成为博物馆的核心产品。Goulding（2000）在研究中认为，博物馆的体验是由社会文化、认知、心理取向以及身体和环境条件所决定的，如果博物馆的目标是提供高质量的体验，那么这些条件应该是相互关联的。Pine 和 Gilmore（1998）提出的体验经济理论解释了从服务到体验的转变，因为博物馆需要提供难忘的体验来获得访客的满意和竞争优势，市场营销人员需要寻找超越直接感官刺激的机会，例如，提供食物、饮料、音乐、视觉装饰，甚至香味等，这些都有助于提升博物馆的整体体验。随着走进博物馆的参观者越来越多，通过社交和放松来改善参观体验的空间，如餐厅和咖啡馆，已经被确定为影响年轻游客在意大利大型博物馆体验的一个重要因素，这一现象也表明新的文化体验方式正在兴起，同时也给博物馆带来了新的挑战（McPherson，2006）。除了教育和文化遗产意识的提升以外，娱乐也是很多人走进博物馆的主要目的之一（Booth 和 Powell，2016）。事实上，博物馆的娱乐和社交互动的机会对非传统游客具有重要的吸引力（Cain 和 Rader，2017）。从以上文献可以看出，博物馆的目标应该是最大限度地提高参观者的体验，以吸引参观者重复参观，并推荐他们的参观体验（Brida 等，2012；Harrison 和 Shaw，2004；Pantalony，2013；Mahdzar 等，2017）。

2. 体验的类别

关于体验的类别，学者们主要从游客的视角对体验做出了不同的分类，其中，Cohen（1979）在探讨旅游体验现象时从游客类型的视角把体验分为娱乐体验、转移注意力体验、试验类体验和感知存在类体验。Bernd（1999）在研究体验营销时从心理学视角把体验分为了知觉体验、情感体验、思考体验、行动体验和亲近体验。Caru 和 Cova（2003）根据体验创造主体不同将体验分为消费者驱动型体验、企业驱动型体验和共同驱动型体验。Chan（2009）在研究中将体验划分为休闲体验、消遣体验、得到经历体验、存在体验四个类型。根据个人的参与程度（被动参与或主动参与）以及与环境的相关程度（浸入或吸收），Pine 和 Gilmore（1998）在体验经济模型中构建了四个体验类型，分别是娱乐体验、教育体验、审美体验和逃避现实体验，在这个框架下，参观者不再是被动的接受者，而是扮演一个相关的体验共创者角色，顾客所获得的一系列体验是广泛的，几乎总是跨越所有类型的体验。Pine 和 Gilmore（1998）提出的审美体验、教育体验、娱乐体验和逃避现实体验的分类被广泛应用于营销和旅游等领域的相关研究中（Antón 等，2017；Preko 和 Gyepi-Garbrah，2020；Song，2015）。

3. 体验的影响因素及作用

关于体验的影响因素，已有学者认为消费者的感知服务质量、消费的环境、个人特征（动机、知识背景、个性等）、消费者的参与行为及计划等是影响体验的重要因素（Antón 等，2017；Grönroos，2001；Prebensen 等，2014）。其中，Grönroos（2001）在研究中将服务质量视为顾客满意度、行为意图和顾客体验的重要决定因素。Gilmore 和 Pine（2002）在研究中提出，适当使用营销主题环境可以将一件普通的服务转化为非凡的服务并创造卓越的体验。Williams（2006）在研究中强调，确立一个有意义或有凝聚力的主题环境对顾客的体验非常必要。Verhoef 等（2009）在研究中讨论了社会环境、自助服务技术和商店品牌在零售环境中创造顾客体验的重要性。

此外，游客的个人特征，包括动机、知识和个性，塑造了他们在旅游目的地的体验。许多学者在研究中指出个人特征对顾客体验的作用（Kim 等，2010；Mak 等，2012；Tse 和 Crotts，2005）。调查结果还表明，个人特征是餐厅背景下体验营销与顾客价值之间关系的重要调节者，并发现在旅游节背景下游客年龄影响旅游活动中的游客体验（Axelsen 和 Swan，2010）。Verhoef 等（2009）从整体上分析了游客体验的决定因素，认为影响游客体验的具体因素包括过去的体验、人口因素、旅行的具体目的或属性以及游客的知识。顾客参与是影响顾客体验的另一个重要因素，参与的顾客可能在为公司创造价值方面发挥关键作用，顾客参与也是提高共同创造体验价值的重要手段，因为增加对生产过程的参与可以带来积极的体验结果（Brodie 等，2011）。Kim（2014）在研究中探索了令人难忘的旅游体验的前因，构建了一个衡量难忘体验的量表，他考虑与目的地属性相关的享乐主义、当地文化、知识、参与和新奇等维度，这些构造创造了难忘的旅游体验。Prebensen 等（2014）在研究中将旅游动机、知识和参与作为度假体验感知价值的先决条件。Antón 等（2017）在研究中指出，参观者的知识、参与和互动都提升了其参观博物馆时的体验。

关于体验的重要作用，已有文献指出顾客体验将有利于提升顾客的满意度、忠诚度以及顾客的口碑传播和推荐等行为意愿。积极的购买体验能提升消费者的购物欲望并降低价格敏感的相关影响，所有的这些都将有利于公司的可持续发展（Holbrook，2006；Roth 和 Menor，2003）。Gentile 等（2007）在研究中指出，客户体验影响客户的承诺和参与，并在确定客户偏好方面发挥重要作用，最终影响购买决策。Tsaur 等（2007）在研究中证实，动物园游客的体验（感觉、思考、行为和关系）会影响其行为意图，而 Tynan 和 McKechnie（2009）在研究中指出，顾客体验是顾客行为意愿的决定因素。Brakus 等（2009）构建了一个具有感官、情感、智力和行为维度的品牌体验量表，他们认为，品牌体验通过品牌个性联想直接和间接地影响消费者的满意度和忠诚度。Lee 等（2010）在研究中表明，在旅游网站中加入感官内容体验会导致人们对目的地的态度更加强烈。顾客满意度和忠诚度经常被证实为品牌体验（Brakus 等，2009）、服务体验（Barsky 和 Nash，2002；Klaus 和 Maklan，2012）和旅游体验（Tsaur 等，2007）的结果变量。Kim 和 Perdue（2013）在研究中发现，体验式酒店属性影响了顾客未来对酒店的选择和向周围人推荐的意愿。Prebensen 等（2014）在研究中指出，感知体验价值的一个结果就是推荐和重复购买。Antón 等（2017）在研究中指出，参观博物馆的体验价值对其参观后的内容生成和强化行为意愿有重要影响。

4. 体验和价值的关系

在传统价值创造中，产品和服务包含价值，市场将这种价值从生产者到消费者进行交换。在服务主导逻辑下，价值创造不仅通过企业与其顾客之间的互动发生，而且还发生在众多参与者之间（Vargo 和 Lusch，2016）。尽管价值创造具有了互相性和相关性的特点，但顾客始终是价值的共同创造者（Pra-

halad 和 Ramaswamy，2004a；Vargo 和 Lusch，2004，2008）。Minkiewicz 等
（2014）在研究中进一步指出，价值创造是体验性的，只有顾客在消费前、消费中、消费后的积极参与才能证明价值创造是可能的。Prahalad 和 Ramaswamy
（2004a）在研究中指出，价值来源于体验（使用价值），没有体验就没有价值，体验的共创是价值创造的基础。因此，顾客共同创造体验，也就是创造价值（Suntikul 和 Jachna，2016）。

　　营销领域中对价值的理解主要是指顾客感知到的体验价值，Larsson 和
Bowen（1980）在研究中认为，顾客感知体验价值的前提是顾客的积极参与，如果没有顾客的积极参与，顾客体验价值的感知就会消失。Park 等（1986）在研究中指出，顾客感知的产品价值主要有功能价值、象征价值和体验价值，且体验价值的地位越来越凸显。体验价值的研究多数都是围绕顾客体验价值，从探讨消费决策价值的影响因素进行的，往往强调不同顾客体验价值之间的独立性（Sheth 等，1991）。Holbrook 和 Kuwahara（1999）在研究中指出，顾客体验价值就是顾客的消费价值，也就是顾客感知的价值，Holbrook 进一步将体验价值定义为"互动的、相对的、偏好的体验"，其中"互动的"是指体验价值的产生是由于顾客和产品之间互动的结果，"相对的"是指顾客价值表现为个性化需求，是可以比较的，"偏好的"是指顾客在产品价值认知上的一种偏好。根据内在价值和外在价值、趣味性和美感等两个细分变量，Mathwick
（2001）将体验价值分为消费者投资报酬、服务的优势性、主动价值、被动价值四种体验价值类型。Prahalad 和 Ramaswamy（2004b）在研究中强调，价值共创视角下研究的价值主要是顾客的体验价值。关于博物馆参观中的体验价值，Frey（1998）在研究博物馆经济时指出，博物馆作为具有选择价值、存在价值、遗产价值、声望价值和教育价值的场所，应该给参观者提供全方位的文化体验。从访问者的角度来看，捕获整个博物馆体验的关键成败是感知体验价值（Chan，2009）。Trin 和 Ryan（2013）在研究中指出，博物馆作为遗产和文化的保护者和传承者，它为参观者提供的体验价值可能是视觉的、感官的、审美的、娱乐的、社交的、教育的和迷人的。感知的体验价值是基于交易或共同创造的体验服务提供者（博物馆）和顾客（参观者）。博物馆环境中的体验价值包含四个主要方面：视觉吸引力、娱乐、享受和逃避现实
（Mathwick 等，2001；Shih，2015）。

5. 体验经济理论在本书中的应用

综合以上文献可以发现，体验经济理论主要阐述顾客参与和沉浸行为对体验价值的重要作用，本书运用体验经济理论进一步探讨博物馆参观者体验价值。博物馆通常能提供 Pine 和 Gilmore（1998）所提出的四种类型体验。例如，博物馆通常有宽敞的空间和安静的环境，可以成为游客躲避日常生活的场所，参观者可以积极参与和沉浸在逃离体验和丰富的展览中。在博物馆参观期间，参观者可以被动地欣赏各种文化遗产，沉浸在各式各样的展品中，享受一种审美体验。此外，博物馆还通过吸收和积极参与各种各样的文化活动提供一系列教育体验。最后，现在的博物馆都能够提供各种娱乐设施和环节，通过吸收和被动参与活动获得娱乐体验。

二、价值共创理论

传统价值理论认为，企业是价值的唯一贡献者，顾客是纯粹的价值使用者（Alves 等，2016；Bharti 等，2015；Voorberg 等，2015）。然而，随着顾客独特性体验要求和个性化需求的增加，顾客不仅能够参与企业的生产活动，同时也会在企业的支持下，积极主动地在生产实践中尝试创造价值（Rihova 等，2015，2018）。互联网及社交媒体的发展不仅使顾客的信息获取更加便利和多样化，也使顾客和企业之间的互动更加直接和频繁（Assiouras 等，2019；Ramaswamy 和 Ozcan，2016）。顾客在企业的生产经营环节中扮演越来越重要的角色，在与企业的持续互动中不断产生有价值的信息交换（Buhalis 和 Sinarta，2019）。价值共创（Value Co-creation）作为一种引领的价值创造模式，已经成为许多企业谋划未来竞争优势的战略取向（Johnson 和 Neuhofer，2017；Lei 等，2020）。与传统价值理论相比，价值共创理论更强调顾客是价值的重要贡献者（Buhalis 和 Sinarta，2019；Lei 等，2020；Prahalad 和 Ramaswamy，2004a；Rihova 等，2018；Vargo 和 Lusch，2008）。

1. 价值共创的概述

价值共创思想萌芽于 19 世纪的服务经济学，Storch（2015）在研究一个地区的服务业对整个经济的贡献时曾指出，生产者与顾客之间的各种合作已经出现在部分服务业中（Bharti 等，2015）。价值共创的概念最初由 Prahalad 和 Ramaswamy（2000）提出，之后 Prahalad 和 Ramaswamy（2004a）在研究中进一步指出，价值共创就是企业和顾客共同创造价值。Ballantyne 等（2011）在研究中认为，顾客是企业研发、生产等环节中不可或缺的重要资产，企业需要和顾客一起共同创造价值。Grönroos 和 Ravald（2011）在研究中指出，价值共创是所有利益相关者之间的共同互动，这种互动对各方都有利益。Singa-raju 等（2015）在研究中认为，价值共创涉及三个主体因素，分别是顾客、企业和社交媒体平台，通过三个主体的资源整合实现价值的共同创造。Cachero-Martínez 和 Vázquez-Casielles（2017）在研究中指出，企业、员工及顾客都可以影响到价值共创，企业一方面要创造共创的环境和条件，另一方面要主动和顾客共同创造价值。Ramaswamy 和 Ozcan（2018）在研究中认为，价值共创是一个服务生态系统工程，在这个系统中包括物、人、过程和界面等组织的网络，所产生的价值也成为交互价值。从以上学者对价值共创的描述可以发现，价值共创经历了从开始的理论主张到顾客的逐步参与、顾客的全面互动的发展过程。此外，价值共创涉及的主体从开始的企业和顾客到利益相关者、资源整合者再到服务生态系统的网络关系，彰显了价值共创过程涉及的主体角色是一个不断变化的动态过程。尽管国内外学者对价值共创有着不同的界定和认识，但总体而言，价值共创的概念都有以下三个特点：一是顾客是价值共创中的重要贡献者，顾客的地位越来越重要；二是价值共创一般是企业和顾客或相关利益者等合作的结果；三是互动是价值共创中的核心要素。

2. 价值共创的理论演进

目前，国内外关于价值共创理论的研究主要沿着两个方向展开讨论：一是从竞争理论视角提出的基于顾客体验价值的共创理论（Prahalad 和 Ra-maswamy，2000）；二是基于服务主导逻辑提出的价值共创理论（Vargo 和 Lusch，2004）。关于顾客体验价值视角的价值共创理论，主要强调共同创造顾客体验是顾客与企业共创价值的核心，参与者之间的互动是价值共创根本的实现方式（Prahalad 和 Ramaswamy，2000）。Prahalad 和 Ramaswamy（2000）在研究中进一步指出，在价值共创过程中，核心基础是顾客参与的共创体验，前提条件是顾客参与价值的创造，关键环节是顾客的消费和使用活动。顾客常常为获得独特性体验，积极参与企业的共创活动，其角色逐渐从被动接受者变为主动实践者。随着顾客参与企业共创活动频率和程度的增加，顾客对企业各个环节的贡献越来越突出，顾客在企业中的地位也越来越凸显，顾客逐渐成为企业核心竞争力的一个重要来源。之后 Prahalad 和 Ramaswamy（2004b）在研究中提出了实现共创价值的重要方式是顾客和企业的互动，顾客和企业互动的质量是实现价值共创的必备要素。总之，在价值共创过程中，企业和顾客都是价值共创的重要因素，企业通过营造共创的环境和条件，顾客通过主动参与并与企业积极互动以创造独特性体验价值。关于服务主导逻辑的价值共创理论，主要强调共同创造的价值是使用价值而不再聚焦于交换价值（Vargo 和 Lusch，2004）。随着价值共创理论的不断演变，服务主导逻辑的价值共创理论又细分和拓展为基于早期服务主导逻辑的价值共创理论、基于服务逻辑的价值共创理论、基于服务科学的价值共创理论和基于服务生态体系的价值共创理论（简兆权等，2016；李如友，2018），

3. 价值共创理论在本书中的应用

目前国内外价值共创理论的具体应用主要集中在生产领域和消费领域，生产领域的价值共创强调的是企业鼓励部分消费者代表参与到具体的生产环节中，但企业的生产还是由企业主导，消费者只是辅助和配合，具体的领域体现在制造业上，也可以体现在服务业上（Voorberg 等，2015）。消费领域的价值共创强调消费者体验是这一领域的核心内容，价值共创过程主要由消费者主导和控制，更具体的领域体现在旅游业和零售业方面（De Rojas 和 Camarero，2008）。本书探索参观者动机视角下博物馆体验价值的相关问题，主要基于顾客体验视角的价值共创理论，属于消费领域价值共创研究的范畴。

第二节　相关研究综述

一、博物馆参观者研究

近年来，随着休闲娱乐市场的激烈竞争以及人们对文化活动的迫切需求，越来越多的学者关注如何最大化提升博物馆参观者的体验及如何加强参观者的管理等问题，以不断增强博物馆在文化休闲市场的吸引力和竞争力。参观者研究又称为观众研究、访客研究，参观者研究是一个跨学科的研究领域，不同学科的研究范式和关注点具有很大差异。其中，管理学领域的学者认为，参观者研究应关注的是如何去更好地引导、设计参观者参加展览，如何去规

划参观最佳路线和提升参观体验的问题（Coppes 和 Braunisch，2013；Garrod 等，2006）。与其他休闲娱乐场所的参观者不同，博物馆参观者一般具有以下四个特征：①明确的动机或目的。以往到访博物馆往往是旅游计划的一部分，现在越来越多的人选择在日常走进博物馆，他们去博物馆有明确的参观动机或目的（Falk 和 Dierking，1992；Hooper-Greenhill，2006）。②积极的参与和互动。以往的参观者在展品面前都是被动的参观，随着互联网和数字技术的发展，每个展品背后的故事都可以通过积极的参与或互动去更深入地了解，博物馆管理人员也设计了各种环节去引导参观者主动参与、积极互动，以使参观者在有限的时间和空间内能收获最大的体验（Mason，2005；Shackley，1998）。③各种体验混合交叉。从以前参观博物馆获得的教育体验和探索体验，到现在可以获得休闲体验和娱乐体验以及逃避现实体验等，博物馆已经成为一个能获得各种体验的文化娱乐场所，更多的博物馆已经成为各个城市的公共文化消费空间，越来越多的人在博物馆获得了丰富的文化体验（Wachowiak，2005）。④评价的及时性。现在的参观者一般是边参观边通过社交软件发布动态，甚至直播展品变化的情况和现场的体验感知，这给博物馆的管理带来了新的要求和挑战（Antón 等，2019）。

综合以上文献可以发现，参观者研究为提升博物馆的体验价值提供了更多的实践途径。正如很多学者指出，参观者是博物馆最核心的要素，博物馆的一切都以满足参观者的需求为导向，通过研究参观者的人口统计学特征，可以更好地掌握参观人群的情况，通过了解参观者与其他参观者、参观者与博物馆工作人员之间的互动，博物馆可以制定更有效的导引。通过对参观者行为特征的研究，可以更好地掌握参观者的行为影响因素。

二、参观者动机研究

尽管动机因素的研究一直以来受到学术界的重视，但大多数学者的研究局限于探讨这些动机因素的缺失情况（Bogari 等，2003；Huang 和 Hsu，2009；Jang 和 Cai，2002），对动机因素与其他影响游客行为或体验因素之间的关系研究则相对较少。博物馆已经成为城市中重要的教育休闲场所之一，对人们走进博物馆的动机因素研究越来越受到学者的关注。营销和旅游领域有关动机的研究一般遵循动机—行为—结果的逻辑展开（Packer 和 Ballantyne，2002；Park 等，2010）。尽管以往研究都阐述了动机是行为的重要前因变量以及动机对体验价值的重要影响，但在不同情景下动机与行为、动机与体验价值的关系仍会存在差异性，即使在同一情景下，动机作为一种复杂的心理活动，如何去更加准确地识别具体动机影响的相关研究还比较缺乏，因此，研究动机在具体情景下的重要作用及各具体动机影响就是学者要重点关注的话题。

1. 动机的概述

在营销和旅游领域，商家往往通过对消费者购买动机的深入探索与分析，制定出精准的营销策略并适时调整，以实现效益的最大化（Grönroos，2008）。在旅游休闲领域，Lew 和 McKercher（2006）在研究旅游目的地的选择时指出，动机和情感依恋主题之间的差异，他们认为动机和兴趣独立于所访问的目的地而存在，游客动机在目的地的选择中是优先要考虑的要素。旅游者的动机往往被认为是旅游者行为的核心（Allan，2014）。具体在博物馆领域，Falk 和 Dierking（1992）在研究游客体验时就博物馆和游客的类型差异开展了专项探讨，通过对参观博物馆动机的研究，指出博物馆体验受环境条件、游客自身背景和社会舆论三者交叉作用的影响，并构建了"互动—体验模型"。Jansen-Verbeke 和 Rekom（1996）在研究城市旅游营销时发现，博物馆是外地游客最受欢迎的目的地之一，到城市旅游的游客，很多人都会通过当地博物馆去深入了解这个城市，他们通过问卷调查收集数据并加以分析，以梯级洞察法研究了城市博物馆游客的旅游动机。在学习概念模型的指导下，Falk 和 Dierking（2000）在研究博物馆观众的学习情况时指出，博物馆的参观者主要是为了形成、拓宽或重温自己的个人体验。因此，当他们走进博物馆时，能获得更多关于自己的体验和外部世界的知识。Poria 等（2001）认为，遗产旅游应该由两个结构来定义：访客的动机和他们对遗址的感知，他们进一步强调，应在动机和体验感知领域进行大量研究。

2. 动机的作用

动机源于人们的内在状态、需要和需求，并说服他们执行或继续执行某种行为（Decrop，2006）。动机是旅游行为的一个主要决定因素，因为它被认为是人类行为的驱动因素，也是与旅游活动有关的某些方面的解释性因素（Smith 和 Costello，2009）。动机不仅决定消费者是否将从事旅游活动，而且还决定他们将在何时、何地或参加何种类型的旅游活动。旅游动机是指一组使个人前往某些目的地或从事某些旅游活动的内在需要，了解旅游者的旅游动机对营销人员至关重要，因为它会影响旅游者的实际行为（Dolnicar 和 Leisch，2008）。动机也常常被描述为游客的需求和愿望的混合，最后形成他们去旅游目的地的倾向（Meng 和 Uysal，2008）。正如 Crompton（1979）在研究中所观察到的，动机是解释旅行行为和体验感知的一个关键变量。作为旅游行为的一个重要决定因素，学者从不同角度仔细研究了动机的重要性，例如，探讨不同类型游客的动机（Wen 等，2018），探讨旅行者访问特定目的地的动机（Buzinde 等，2018），并基于旅行动机探讨对目的地的选择（Iversen 等，2016；Khoo-Lattimore，2020），动机对旅游行为的影响（Yan 等，2016）以及动机对旅游体验感知的影响等（Devesa 等，2010）。

3. 参观博物馆动机的类别

动机在研究中一般有很多类别，这意味着同一个人可能出于不同的原因选择一个目的地（Isa 和 Ramli，2014）。Packer 和 Ballantyne（2002）在研究中总结了动机的五个类别：学习和发现、被动享受、恢复、社会互动和自我实现。在一项对博物馆体验期望的调研中发现，轻松有趣、文化娱乐、个人认同、历史回忆、逃避现实是访客走进博物馆的主要动机（Sheng 和 Chen，2012）。一些学者的研究结果表明了动机的重要性并从两个方面去描述：分别是轻消耗和硬消耗，前者是一种对参观博物馆的态度，带有更多的是娱乐动机，通常出现在假期；而后者则是一种典型的出席，具有更多的是智力动机（Brida 等，2014）。Brida 等（2014）从到访博物馆的频率进一步研究了参观者的动机问题，通过对一个关于参观者动机的多重对应分析，把参观博物馆的动机分为两个维度：一个基于对知识的搜索，另一个基于更休闲的态度，他认为参观者动机是产生博物馆参观行为的直接原因。Medić 等（2015）探索了博物馆的参观者如何度过他们的休闲时间以及哪些因素影响参观博物馆的动机，他们将参观博物动机细分为三个类别：①和家人或朋友共度美好时光、和家人的关系更密切称为社会交往动机；②探索、体验新的和不同的东西、更好地理解和欣赏这一地区的历史、提升知识、学习新的东西、教育自己、做一些有利于提升智力的事情，称为教育和探索动机；③放松、减轻压力、消磨时间、逃避现实，称为逃避和放松动机。Allan 和 Altal（2016）在研究中将参观博物馆的动机描述为五个类型：①探索动机，主要细分为参与新的和不同的体验；②知识获得动机，主要是提高知识和学习新事物；③逃避现实动机，主要是逃避压力和逃避日常生活；④社会交往动机，主要是和朋友一起参观、和家人一起参观；⑤放松动机，主要是放松和休息。这些动机因素的分类在旅游文献中被广泛采用（Allan，2013，2014；Crompton，1979；Kim等，2006；Kim 和 Jogaratnam，2002）。

三、参观者参与和互动研究

1. 参与和互动的概述

参与和互动是旅游和营销领域众多学者研究的热点（Antón 等，2017；Bilgihan 等，2015；Edmonds 等，2006；Jung 和 Yoon，2012；Leask，2016；Vega-Vazquez 等，2013）。参与做名词时在英文中一般有"Participation"和"Engagement"两种表达，互动做名词时在英文中的表达一般为"Interaction"，根据本书的需要，研究中的核心变量参与和互动将借鉴 Antón 等（2017）研究中的"Participation"和"Interaction"的表述作进一步阐述。

关于对顾客参与的描述，Rodie 和 Kleine（2000）在研究客户参与服务的生产和交付时认为，顾客参与是在企业的引导和鼓励下，顾客利用自己的知识、技能、资源协助企业进行生产和服务。Gruen 等（2006）在研究顾客在线技术交换对顾客价值和忠诚度的影响时认为，顾客参与就是顾客对企业的贡献程度，通过顾客使用企业产品和参与企业活动的频率来判断。从价值共创理论的角度来看，参与意味着客户的参与以及与公司所提供的东西进行实验、对话和合作的一种动机（Mustak 等，2013）。在博物馆领域，积极参与可以是身体的、情感的或精神的，有计划的（由博物馆带来的）或自发的以及非正式的。与被视为观众不同，参观者可以是演员、多感官体验的探索者、想要互动和学习的人（Campos 等，2016）。Antón 等（2017）在研究中认为，参与是参观者积极参与的一种状态或愿意参加活动的一种愿望。从以上文献对参与的描述也可以看出，参与是指顾客在产品或服务的生产、传递过程中的一种投入程度，或参观者要参与活动的一种意愿，主要是行为上的一种表现。所以，"参与"一词经常与现有文献中的流动、吸收、沉浸和互动等概念交互使用。"参与"作为一个重要概念被广泛应用于营销和旅游领域的各种活动或体验中，如在线服务使用、休闲运动、购物、酒店产品使用和博物馆。

关于对互动的描述，Liu 和 Shrum（2002）在研究互联网媒介中的广告时指出，互动是指两个或两个以上的主体之间、主体与信息之间、主体与媒介之间的相互影响和相互作用的行为。互动一般是指在不同主体之间的交流和反馈行为，从最初的企业与顾客之间的互动到顾客与顾客之间的互动、顾客与环境之间的互动以及利益相关者之间的互动等（Moore 等，2005）。Grönroos（2006）从价值共创的视角指出，互动一般是指企业与顾客之间通过信息、资源的交流与分享共同创造价值的行动。蒋婷和张峰（2013）在研究顾客间互动对再惠顾意愿的影响时认为，互动是一种信息传递的过程，广义的是指在顾客之间的信息传递，狭义的是指在企业和顾客之间的信息传递，通过这种信息的传递来获得有价值的信息。客户常常根据与他们互动员工的专业技能、技术和经验来评估服务，员工的角色已从服务提供者之一转变为体验提供者之一（Bharwani 和 Jauhari，2013；Slåtten 等，2011）。Antón 等（2017）在研究中指出，互动主要是参观者与其他参观者、参观者与工作人员、参观者与电子设备之间的一种交互行为。从以上文献对互动的描述可以看出，"互动"是消费者的一种深度参与，几乎所有相关的文献都指出互动是指企业与顾客、顾客与其他顾客之间的相互交流，这种互动对提升企业价值和顾客体验价值都有重要作用。

2. 参与和互动的前因

很多学者在研究中指出个体特征、动机、知识背景等因素会影响到顾客的参与和互动等行为（Etgar，2008；Hoyer，2010；Roberts 等，2006）。在营销领域，Lundkvist 和 Yakhled（2004）指出，部分顾客的参与源于自身的兴趣和乐趣。此外，在企业开发新产品时，往往会邀请一些感兴趣的关键顾客参加，顾客对开发产品的好奇会推动其全心投入，并与设计人员积极互动，同时顾客怀有的外部动机、内部动机、身份动机和使用价值动机等将会影响新产品开发的参与行为和参与程度（Nambisan，2002；Roberts 等，2006）。在价值共创的过程中，顾客的主动参与，与工作人员积极的互动交流是其关键条件，顾客的社交动机、休闲娱乐动机、信息动机、能力成就动机和经济利益动机都会影响到与工作人员的互动。另外，顾客怀有不同的动机对其参与价值共创过程中的深浅程度具有不同的影响，外在动机对浅层互动有显著影响，内在动机对深层互动有显著影响。顾客的自我认同和归属动机越强烈，他们越愿意参与到产品的共同创造中，他们在互动中就会获得更多的控制权，带给自己更多的成就感（Nambisan，2009）。

在旅游与博物馆领域，游客的动机影响着参与的方式，游客参与的方式一般有被动和主动两种，由场景控制的互动一般是被动参与，让游客沉浸在体验中的方式一般是积极参与（Caru 和 Cova，2007）。李丽娟（2012）在研究旅游体验价值共创时探索了游客的个性特征在其主动参与、被动参与、浅层参与、深层参与等行为方面的显著差异。此外，游客在不同的出游动机下会选择主动参与、被动参与、深层参与和浅层参与四种形式进行体验价值共创，其中有享乐动机、感知风险动机、社会需求动机和心理需求动机的游客会主动参与体验价值共创，有享乐需求动机和经济利益动机的游客会浅层参与体验价值共创，有感知风险动机、社会需求动机和心理需求动机的游客会深层参与体验价值共创（曹兴平，2016）。Antón 等（2017）在探索博物馆体验价值共创时指出，参观者的知识对参与和互动都有显著的正向影响，并在未来研究中指出参观者的人员构成、动机等因素也可能对参与和互动有影响。

以上文献表明参与和互动是营销和旅游领域中的重要行为，消费者的个体特征、动机等都是影响其参与或互动行为的重要前因要素。本书在 Antón 等（2017）研究的基础上，着重探索博物馆情景下参观者动机对参与和互动的影响情况。

3. 参与和互动的结果

许多学者指出参与和互动行为加强了顾客与企业之间的联系，提升了其整体的体验感知。Kimmy 和 Stella（2010）在研究中指出，顾客参与加深了顾客和企业之间的了解和信任，企业按照顾客的需求去生产产品，满足了顾客的个性化需求。顾客喜欢参与开发自己感兴趣的一些产品并努力解决开发中遇到的问题，以此来获得自身价值的展示并获得情感上的体验，顾客通过参与活动获得了享乐和自我成就感并带来心理层面的极大满足感，同时，顾客通过参与产品的创意、设计、开发、试用以及推广，并通过与工作人员的互动以及与其他顾客的人际互动获得了产品更多的信息、知识和使用体验，员工与顾客之间以及顾客与企业工作人员之间的互动显著影响了顾客的情感体验、功能性体验和社会性体验（王新新和万文海，2012）。此外，顾客通过参与新产品开发的相关活动，加深了顾客对产品和企业的认知，使顾客更加期待未来的共创活动，在共创的产品中融入顾客的知识和技能后，又使顾客对品牌更加忠诚并提升了顾客的行为体验和情感体验（李朝辉，2013；申光龙等，2016）。

在博物馆情景下，Kotler 等（2008）根据博物馆所提供的参与形式和参与程度来区分展览，以便给游客带来一种从简单的物品展示到复杂的交互式沉浸体验。Liu（2008）在研究参观者的行为影响时探讨了参观者和工作人员之间的互动以及这种互动对参观者教育体验感知的影响，并指出更多的参与博物馆组织的各项活动，将会丰富参观者的各种体验感知，并会主动把好的体验分享给周围的朋友。Burton 等（2009）在研究如何留住游客，如何提升体验时进一步表明，游客积极参与社会和文化活动可以增强他们的体验，并促使他们重复参观博物馆。博物馆要想成功，可以通过提供"一系列以吸引观众和促进文化服务消费为目的的服务"来实现（Tubillejas 等，2011）。一些学者指出，游客间的友好交谈等互动行为对游客体验有明显的促进作用，游客间的不合礼仪与规范的互动以及干扰或争执的互动对游客体验有明显的抑制作用（Grissemann 和 Stokburg-Sauer，2012；Lee，2012）。Solima（2012）在研究到访博物馆游客的兴趣和体验时发现，越来越多的游客对以一种原始的参与式方式与文物互动产生了兴趣，他们通过积极参与博物馆的一些有趣活动，并与工作人员或其他游客积极互动来获得极大的体验。Sheng 和 Chen（2012）在研究博物馆游客体验期望时指出，访客的参与可以提高他们的教育体验，参与是很必要的一项活动，例如，在访问之前，他们可以通过网络收集博物馆的有关信息并准备好随时记录的笔记本，他们也可以穿舒适的衣服和鞋子以便更好地参与博物馆的各种活动，通过博物馆内部的互动以及参观前后的互动，创造一个令访客难忘的体验。Tzibazi（2013）研究了博物馆和年轻人进行的参与性行动，强调了游客参与价值创造活动的重要性，认为积极的参与对现在的年轻人具有很大的吸引力。Dobrzynski（2013）在研究访客的参与和互动行为的影响时指出，博物馆必须从被动体验转向互动或参与体验，从挂在墙上的艺术转向邀请人们参与其中的艺术。Antón 等（2017）在探索博物馆参观者体验价值共创过程时指出，参观者的参与对其逃避现实体验、教育体验和娱乐体验有显著影响，参观者的互动仅对其娱乐体验有显著影响，参观者的参与和互动对其审美体验都没有显著影响。如何提高参观者的参与度是博物馆管理人员面临的一个重要问题，当博物馆提供一个游客可以高度参与体验的环境时，游客的博物馆体验和对其的评估可能会得到优化。发展参与式博物馆的重点不在于增加游客数量，而在于在博物馆与其受众或社区之间建立持久的关系，并将受众转化为文化参与者，从而提高博物馆与所服务社区的相关性（Black，2018）。从以上文献可以看出，参与式和互动式旅游体验已经成为文化遗产旅游地的重要营销手段，这种模式的体验可以在很大程度上减少游客之间的陌生感，增强游客之间的亲密度，最终提升游客的体验价值。游客的体验更多的是一种个人的主观感受，参与和互动对游客的体验尤其重要，游客通过与旅游企业工作人员之间的互动、在旅途中与其他游客之间的互动以及和熟人朋友之间的互动获得愉快的旅游体验。因此，旅游业最重要的是承认参与和互动的重要性，以吸引游客，使他们可以获得难忘的旅游体验。

从以上研究参与和互动作用的文献可以看出，消费者的参与和互动提升了他们的满意度和忠诚度、提高了他们的体验价值。商家应该鼓励消费者积极参与、互动，以实现商家和消费者的价值共赢。

四、参观者内容生成和强化研究

1. 内容生成和强化的概述

在营销领域，内容生成一般是指顾客的意见或反馈，这些意见或反馈可以影响其他顾客的决策或消费体验（Van Doorn 等，2010），内容生成包含的意见陈述或反馈情况通常以数字评级或文本的形式呈现以方便其他顾客识别（Tang 等，2014）。顾客在社交媒体或相关网站上分享他们对产品、酒店、餐馆、目的地的看法和评论，这些意见和评论可通过互联网提供给潜在顾客，以便他们在规划时对其进行评估和参考（Cox 等，2009；Jaime，2018）。在旅游领域，内容生成一般是指游客与其他人分享积极或消极的体验，当旅游结束后，游客往往喜欢谈论他们在访问期间所经历和所感受到的东西（Carballo 等，2015），并唤起他们对逗留目的地美好或不愉快的回忆（Ali 等，2016）。此外，鉴于互联网和社交媒体的发展，游客可以随时随地分享他们的旅游体验，并向成千上万的访问者推荐或不推荐目的地的来访。因此，通过积极参与这些网络交流活动，游客和访问者可以产生关于目的地内容的广泛交流与信息传递，访问者也可以在旅游网站、博客或社交媒体上发布各种不同的内容进行互动。内容生成的相关内容极大地影响了旅行者的信息搜索行为（Dey

和 Sarma，2010）和旅行规划行为（Ayeh 等，2013；Fotis 等，2012）。同时，人们一般认为游客发布的信息往往更加可信，传播范围也更加广泛，除了游客的口碑传播之外，还存在游客之间的各种互动，用户生成的内容已经成为各服务提供商非常重视的信息来源（Presi 等，2013）。所以，内容生成的有关信息在酒店业和旅游业中发挥着越来越关键的作用（Schuckert 等，2016）。

强化一般是指游客通过寻找关于目的地的更多信息来进一步拓展和提升参观的体验，或者通过购买旅游地的纪念品、游览地的礼物和拍照使旅游体验更加丰富和难忘（Dong 和 Siu，2013）。强化反映了游客在访问后所保持的兴趣和动机（De Rojas 和 Camarero，2008）。Dong 和 Siu（2013）在以主题公园游客为例研究服务景观元素、客户倾向和服务体验时指出，一项难忘的服务体验应该有更加强烈的愿望去强化它。在博物馆情景下，当参观者体验到一次令人难忘的访问后，他们往往期待着体验的进一步强化，他们期望参加博物馆推广的其他展览活动，或在网站上搜索更多信息并关注博物馆网站的动态变化，这种积极的强化体验方式将使他们成为博物馆的忠实访客（Antón，2017）。

内容生成和强化两个概念在营销和旅游领域被很多学者作为消费者的一种重要行为意愿进行研究（Antón 等，2017，2019；Jaime，2018）。通过观察、识别、管理消费者的这些行为意愿，可以更好地提升消费者的体验需求并获得更多的口碑传播。

2. 内容生成和强化的影响因素

内容生成和强化作为旅游领域重要的行为意愿，通常被衡量为打算重新访问旅游目的地，或向他人推荐访问等（Baker 和 Crompton，2000；Chi 和 Qu，2008；Oppermann，2000）。很多学者都曾探讨哪些因素会影响到游客未来的行为意愿（Prebensen 等，2014；Sohn 等，2016；Yuksel 等，2009）。其中一些学者指出满意的体验是未来消费者行为意愿（忠诚、回购、口碑等）的主要先导之一（Chi 和 Qu，2008；Yoon 和 Uysal，2005；Yuksel 等，2009），游客的满意对返回目的地意愿有积极影响（Chen 和 Chen，2013；Prayag 等，2017；Sohn 等，2016），了解旅游者的体验和满意度如何影响他们未来的行为意愿，对于评价旅游服务目的地的表现至关重要。许多研究都证实游客体验与他们行为意愿之间的密切关系（Chen 和 Chen，2013；Hosany 和 Witham，2010；Prebensen 等，2014）。

针对游客体验对其行为意愿的影响，Harrison（2001）在研究中指出，当游客经历了重要的体验时，他们的参与度会超出预期，并寻求通过后续活动来加强访问，例如，搜索有关目的地或他们所拥有的体验类型的更多信息，愉快的体验往往会在他们打算向周围人分享和推荐旅行方面发挥决定性作用。Beerli 和 Martín（2004）在研究中认为，在游客逗留期间进一步收集和处理的体验感知和个人信息，可能会成为比从其他二手来源获得的信息更可靠和全面，这是他们直接参与并与这个地方建立紧密联系的关键。正如 McIntosh 和 Siggs（2005）在研究中所指出的那样，旅游体验在很大程度上是独一无二的，游客的体验往往包含着显著的情感负荷和很高的个人价值，当游客拥有愉快和充实的逗留时，他们更有可能想要重复体验，因此更有可能想要重新访问目的地（Barroso 等，2007；Chen 和 Tsai，2007）。旅游网站、博客和社交媒体允许游客与那些潜在游客分享他们的体验，公开传播其他游客分享的体验（包括评论和图片），这也为许多游客提供了相关和可靠的信息来源，甚至对他们的决策过程产生很大影响，而不仅仅是之前仅有的旅行手册、目录或官方网站（Xiang 和 Gretzel，2010）。游客的建议和意见能直接影响到旅游企业的到访情况，进而影响到它们的利润，访客是旅游网站的有用信息来源，因为他们可以利用访客反馈来改进他们的服务或发现服务交付中的不足（Shaw 等，2011），而从其他方式获取这些信息是非常昂贵的。旅游体验是一个累积的过程，它为个人提供情感、认知和感官价值，这个累积过程包括旅行的计划阶段、实际访问阶段以及随后的评估阶段（Carballo 等，2015）。对旅游体验的积极评价会刺激游客的短期行为意愿，例如，参与电子口碑的传播和寻找更多的信息或活动，这会对目的地的成功产生直接的影响（Antón 等，2019）。此外，收集更多关于目的地信息使游客与之保持紧密联系，从而可能保持或增加游客未来返回的意愿。旅游后的评价还可以引导游客保持他们的兴趣，通过寻找更多在线内容和分享他们的体验和记忆来进一步强化他们的体验。因此，博物馆网站（信息内容、虚拟访问或在线商店）和社交网络已经成为游客参与和互动的重要空间。

在博物馆情景下，Marty（2007）研究了参观前后博物馆网站的使用情况，发现网上访客经常使用博物馆网站来补充他们对博物馆访问的期望比较和体验感知。Falk（2009）在对博物馆体验研究时指出，将参观体验扩展到现场之外，将参观前、参观期间和参观后的体验整合为一个整体，通过参观结束后继续进行的交互式体验，为创造新的回访铺平道路，尤其是社交分享，可以增加传播的价值（Falco 和 Vassos，2017）。Antón 等（2017）以西班牙的五家博物馆为背景探索了体验对强化和内容生成的影响，并得出了逃避现实体验和教育体验对强化和内容生成有促进作用，娱乐体验和审美体验对强化和内容生成都不显著。Antón 等（2019）在探讨参观博物馆后的行为意愿时指出，参观者对体验的相关评价将影响参观之后的内容生成和强化。从影响游客行为意愿的各种因素来看，消费者体验感知是最重要的前因要素之一，参观者的体验感知越好，其后的行为意愿一般也就相应地越强烈。博物馆的文化遗产体验并不局限于在展品前停留的时间，它一般开始于实际的现场访问之前，并在访问后继续回忆和反思。所以，当参观结束后，博物馆管理人员要继续追踪和管理参观者的内容生成和体验强化；当参观者有不好的体验时，应及时沟通，尽量让负面影响降到最低；当参观者体验较好时或对参观很满意时，要及时跟进，不断提升参观者期待参加未来博物馆活动的意愿并积极进行正向的口碑传播。

第三节　研究述评

已有相关文献对本书具有重要的参考和借鉴意义，但仍有四个问题需要在本书中去解决：

（1）博物馆情景下参观者的体验价值缺少系统的理论研究框架。目前，体验价值的相关研究主要探讨企业与顾客共同创造产品、共同创造服务体验以及旅游和虚拟社区情景下体验价值的提升问题（Campos 等，2015；Grönroos，2011；Harkison，2018；Prebensen 等，2013；Shaw 等，2011）。具体到博物馆领域，参观者体验价值的研究还比较缺乏，Antón 等（2017）从参观者的知识和计划视角初步探索了博物馆情景下的体验价值共创问题，鉴于Antón 等（2017）在研究中指出参观者动机和参观者计划一样都是体验价值的重要前因，并将作为下一步研究的目标，且很多学者指出动机在影响参观者体验价值中的重要性（Antón 等，2017；Foster 等，2020；López‐Guzmán 等，2020），所以，本书拟从参观者动机视角搭建博物馆体验价值的研究框架，研究有助于对博物馆体验价值的影响因素与作用机理进行深入剖析。

（2）参观者动机和体验价值之间的作用机制尚不清晰。已有文献指出了动机是影响参观者体验的一个重要因素（Foster 等，2020；López-Guzmán 等，2020），参与和互动也影响顾客的满意度、忠诚度和体验感知（Brodie 等，2011；Grissemann 和 Stokburg-sauer，2012；Lee，2012）。此外，在影响参与和互动的各种因素中，顾客的动机是其中最重要的一个因素，已有文献阐述了动机对参与或互动的促进作用（Etgar，2008；Hoyer，2010；Roberts 等，2006）。那么，基于关注的问题，参观者的参与和互动在动机和体验价值之间的作用机制如何？就是本书需要厘清的问题。

（3）参观者体验价值形成的边界条件有待检验。已有学者关注了顾客知识或游客知识对购物体验、共创体验、旅游体验的影响（Antón 等，2017；Kim，2014），Antón 等（2017）在研究中指出参观者的知识对博物馆各体验价值的正向促进作用，在关注的动机对体验价值的影响分析中，参观者的知识是否在动机影响体验价值的过程中有促进作用，是本书要进一步验证的问题。

（4）不同情境下体验价值的影响因素及结果不甚明确。已有学者指出顾客的感知服务质量、消费环境、个人特征（动机、知识背景、个性等）、参与行为等是影响体验价值的重要因素（Antón 等，2017；Grönroos，2001；Prebensen 等，2014）。在博物馆情景下体验价值的影响因素与以往学者的相关研究结果一致还是有差异，这是本书关注的问题。此外，了解旅游者的体验价值如何影响他们的行为意愿，对于评价旅游服务或目的地的表现也至关重要（Prebensen 等，2014；Sohn 等，2016）。内容生成和强化是博物馆参观者的重要行为意愿，了解参观者的行为意愿有利于更好地提升参观者的体验价值。在已有的文献中，Antón 等（2017）探索了参观者体验价值对其内容生成和强化的影响。在本书的情景下，参观者体验价值对其内容生成、强化之间的影响如何，结果一致还是存在差异，这是本书要关注的又一个重要问题。

综上所述，本书将基于体验经济理论和价值共创理论，从"参观者动机"视角出发，搭建博物馆体验价值的研究框架，探索博物馆情景下参观者体验价值的影响因素与作用机理，运用结构方程、回归分析等实证分析方法检验参观者动机对体验价值的影响，参观者动机对参与和互动的影响，参观者参与和互动对体验价值的影响，参观者参与和互动在动机和体验价值之间的作用机理，参观者知识在动机和体验价值之间的影响机理，参观者体验价值对强化和内容生成的影响等，力争为博物馆参观者体验价值的相关研究及博物馆的管理决策提供科学的理论参考。

第三章　参观者体验价值的初始命题

第二章对体验经济理论和价值共创理论进行了系统回顾，并对体验价值的前因与作用、体验与价值的关系、动机的作用、参与和互动的前因与结果、内容生成和强化的影响因素等文献进行了述评。已有研究指出了营销和旅游等领域体验价值的重要作用（Campos 等，2015；Grönroos，2008；Harkison，2018；Prebensen 等，2013），但对在博物馆情景下参观者的动机、参与、互动、体验价值、强化、内容生成等变量之间的关系，尤其是参观者动机视角下体验价值的影响因素与内在作用机理，缺乏深入的探究。Strauss 的程序化扎根理论可以探索特定情景下参观者的认知和行为并可以建构一种新的理论进行解释（Glaser 和 Strauss，1967），因此本章以 Strauss 的程序化扎根理论为基础，采用深度访谈的方法，对许燎源现代设计艺术博物馆、成都三和老爷车博物馆、成都博物馆、建川博物馆、金沙遗址博物馆、杜甫草堂博物馆以及武侯祠博物馆的部分参观者进行深度访谈，通过对访谈资料的编码和提炼，以此来提出参观者动机视角下博物馆体检价值的初始命题。

本章由四部分内容组成，第一部分是研究设计，主要包括研究的问题、研究方法的选择、研究对象及研究对象目的地的确定；第二部分是资料分析与编码；第三部分是参观者体验价值的机理分析；第四部分是初始研究框架。

第一节　研究设计

本章旨在探索参观者动机视角下博物馆体验价值的内在机理，已有学者关注到博物馆体验价值的相关问题（Antón 等，2017；Minkiewicz 等，2014；Simon，2010），但相关研究仍处于探索阶段，对于影响参观前、参观期间及参观后参观者体验价值的因素仍缺少实质性的解决方案，对中国情景下博物馆体验价值问题的研究更是缺少。本部分通过对成都 7 家博物馆参观者的访谈资料进行系统的定性分析，初步提出参观者动机视角下博物馆体验价值的初始命题。具体步骤包括以下三个方面：一是基于文献综述和相关的理论观点，进行研究设计；二是根据研究设计方案，采用适当的方法收集参观者的访谈资料；三是对收集的所有资料采用手动编码的方式进行筛选和逐级编码，在大量资料中提炼研究的相关主题，得出研究的初步结论并提出相关的初始命题（Pandit，1996；Strauss 和 Corbin，1990）。

一、研究问题与方法

参观博物馆是一个动态的包括参观之前的目的和计划、参观期间的体验感知及参观后的相关行为意愿的过程，一般是指从参观者开始产生参观的动机到参观活动结束的过程中参观者的所有想法、实际行动和记忆的整体（Falk 和 Dierking，1992）。价值共创一般是在特定情景下，企业通过顾客以及其他利益相关者的广泛参与并积极互动而共同创造价值（Prahalad 和 Ramaswamy，2004a）。体验的类别一般有审美体验、教育体验、娱乐体验及逃避现实体验四个方面（Pine 和 Gilmore，1998）。随着越来越多的人走进博物馆以及对各种需求的日益增长，很多学者都认识到深入研究博物馆体验价值的重要性（Antón 等，2017；Simon，2010）。近年来，Antón 等（2017）基于参观者之前的知识和计划，初步探索了博物馆参观者体验价值作为共创的过程，且在未来研究中指出参观者动机可能对体验价值有重要影响。此外，动机是人们旅行行为的重要决定因素，它决定了旅行的原因、特定旅游目的地的选择以及人们对旅行体验的总体满意度（Scholtz 等，2015）。动机也可以是指一组使个人前往某些目的地或从事某些旅游活动的内在需要，因此，了解旅游者的旅游动机对营销人员至关重要，因为它会影响旅游者的实际行为（Dolnicar，2008；Jang 等，2009）。鉴于以往文献的分析，本章将探究参观者动机视角下博物馆体验价值的内在机理。

走进博物馆的参观者，他们的具体动机对其参观期间的参与和互动的影

响如何？他们的具体动机对其体验价值的影响如何？参观期间的参与、互动
对其体验价值的影响如何？参观者的具体体验价值如何影响其参观后的行为
意愿？参观者的性别、婚姻状况、年龄、职业、学历、收入等因素对其体验
价值的影响如何？在已有文献研究的基础上，本书将进一步探索参观者的具
体动机、知识背景及人口统计学特征等因素对其体验价值的影响，研究既有
助于深入探索体验价值的影响因素与作用机理，也有助于更好地提升参观者
的体验价值。

　　基于以上拟研究的问题，本章以 Strauss 的程序化扎根理论为基础，采用
深度访谈法进行资料的收集并进行下一步的探索。Strauss 的程序化扎根理论
是对已有研究理论的进一步验证，或发现新的理论，或在探索已有理论的过
程中进一步获得新的研究理论。Strauss 的程序化扎根理论以受访者为中心，
可以更好地探索受访者内心的参观动机和体验价值（董京京，2019；韩萧亦，
2020；令狐克睿，2019）。

二、研究对象

　　陈向明（2000）在介绍程序化扎根理论时指出，一般通过有目的性的样
本选择来进行取样。本章选择中国成都 7 家博物馆的参观者作为访谈对象，对
部分到访这些博物馆的参观者进行深度访谈，以获取不同博物馆参观者的访
谈资料。之所以选择这 7 家博物馆的参观者作为访谈对象，主要原因有以下三
点：一是这 7 家博物馆中的 4 家是财政全额拨款的国有博物馆（如成都博物
馆、武侯祠博物馆、杜甫草堂、金沙遗址）、3 家是民营博物馆（如建川博物
馆、三和老爷车博物馆、许燎源博物馆），涵盖了综合、历史、科技、艺术等
各个种类，具有很大的代表性。二是这 7 家博物馆在成都都有很高的知名度，
日常客流量较大，网上评论也较好。三是成都是全国人均博物馆最多的城市，
选择成都这 7 家博物馆的参观者作为访谈对象具有很强的典型性。在研究团队
的统一安排下，博物馆科研小分队于 2017 年 11 月至 2018 年 1 月，先后多次
调研了许燎源博物馆，并与博物馆馆长许燎源先生、运营负责人王老师、艺
术板块负责人付老师以及工作人员进行了深入交流，在调研期间与来访的部
分参观者进行了面对面访谈。2018 年 1 月 5 日，建川博物馆馆长樊建川先生
到学院进行学术交流，在参加樊先生的报告会开始前后，博物馆科研小分队

与樊先生本人及助理常先生进行了深入交流，之后博物馆科研小分队于 2018 年底赴大邑县建川博物馆所在地进行实地调研，并对到访的部分参观者、博物馆的工作人员进行访谈。博物馆科研小分队于 2018 年 3 月 16 日调研了三和老爷车博物馆，调研期间与三和老爷车博物馆创始人兼馆长黄宗敏先生、其他运营负责人进行了深入交流，并对来访的部分参观者进行了访谈。博物馆科研小分队于 2018 年 5~7 月先后参观了成都博物馆、金沙遗址博物馆、武侯祠博物馆以及成都杜甫草堂博物馆，并对部分参观者进行了访谈。

三、资料收集

在工作开展之前，博物馆科研小分队已就相关的研究问题进行了多次交流，并就研究的思路获得研究团队的认可，在进一步查阅博物馆、参观者动机、体验价值等相关文献的基础上，经过博物馆科研小分队多次交流和完善，设计了针对参观者的访谈提纲，并选择多次参观过博物馆的 3 名同学做了预访谈，根据预访谈的反馈进一步完善了访谈提纲，据此将尽可能获得研究所需的访谈资料。访谈资料具体获取的主要步骤如下：在博物馆现场，选择部分意愿比较强的访问结束的参观者进行访谈，并赠送文化创意纪念品。在征求访谈对象许可的前提下，所有的访谈都进行了录音，以尽可能保证访谈资料的完整。博物馆科研小分队于 2017 年 11 月至 2018 年 7 月完成了所有访谈和资料收集工作，其中访谈资料具体收集情况如表 3-1 所示。

表 3-1　访谈资料收集情况

时间	地点	访谈基本情况
2017 年 11 月至 2018 年 1 月	成都许燎源博物馆	参观者 5 名，访谈资料共计 1.5 万字
2018 年 1 月至 2018 年 3 月	成都建川博物馆	参观者 4 名，访谈资料共计 1.3 万字
2018 年 3 月至 2018 年 4 月	成都三和老爷车博物馆	参观者 3 人，访谈资料共计 1.1 万字
2018 年 5 月至 2018 年 7 月	成都博物馆	参观者 3 人，访谈资料共计 1.16 万字
	成都金沙遗址博物馆	参观者 3 人，访谈资料共计 1.15 万字
	成都杜甫草堂博物馆	参观者 3 人，访谈资料共计 1.2 万字
	成都武侯祠博物馆	参观者 3 人，访谈资料共计 1.1 万字

第二节　资料分析与编码

通过资料的收集和初步整理，博物馆科研小分队分别获得了博物馆部分参观者关于博物馆体验价值的一手资料。在接下的资料分析与编码阶段，对来源于许燎源现代设计艺术博物馆的资料编码为 XL，对来源于建川博物馆的资料编码为 JC，对来源于三和老爷车博物馆的资料编码为 SH，对来源于成都博物馆的资料编码为 CD，对来源于金沙遗址博物馆的资料编码为 JS，对来源于武侯祠博物馆的资料编码为 WH，对来源于杜甫草堂博物馆的资料编码为 DF，采用 Strauss 的程序化扎根理论对原始资料进一步整理。所有资料的初始编码和主轴式编码情况如表 3-2～表 3-6 所示。

表 3-2　参观者动机访谈资料整理

主范畴	副范畴	初始范畴	初始概念及原始用语摘录
参观者动机	探索与教育动机	探索获得知识	（1）艺术启迪。这里的艺术品充满美感，对我的建筑设计工作有一定启发；我经常带着小孩来这里参观，为的是让她从小就能受到艺术气氛的熏陶（XL）。成都博物馆经常会有我喜欢的展览和讲座，只要有时间都会来（CD）。 （2）重温历史。孩子的曾祖父参加过抗日战争，带着孩子来学习抗战的历史知识，让孩子更多地了解和感知那段难忘的历史；带孩子了解中国的传统文化、民俗文化；当年国家为了备战而把一些工业迁到西南，这次来打算系统地了解那段历史（JC）。 （3）增长知识。一直关注博物馆的公众号，只要有感兴趣的展览都会来参加，让孩子增长见识（JS）。成都博物馆和科技馆在一起，平时带小孩到这里参观，让他们多增长知识；这里的皮影展独一无二，除表演之外，还可以了解到各个地区的皮影发展史（CD）。带着孩子一起到这里追寻杜甫诗歌文化的脉络和痕迹（DF）。这里是我们的实践实训基地，每年都有老师组织大家专门来这里参观学习；我的专业是车辆工程专业，同时也是汽车发烧友，这已经是我第 6 次来这里参观了，目的就是开阔眼界，增长汽车方面的知识（SH） （4）探索求知。想了解古蜀的历史，就要到金沙遗址博物馆看；每一件展品都承载了厚重的历史信息（JS）。这里珍藏了很多版本的杜甫诗集；了解当时杜甫在成都的一些情况，深入了解杜甫所处的时代背景（DF）。三国的事是大家永远喜欢聊的话题，来这里想更直观地了解当时

主范畴	副范畴	初始范畴	初始概念及原始用语摘录
参观者 动机	探索与 教育动机	探索获得 知识	的情景（WH）。听说很多白酒的包装都是这个博物馆的馆长设计的，我来这里看看；我是一名职业的艺术工作者，博物馆每次的展览我都会参加，每次都与同行的人一起交流，相互启发（XL） （5）拓宽视野。上大学时听过樊建川的报告，印象深刻，这次来这里看建川博物馆；五年前就听说过建川博物馆和樊建川本人的故事，还有地震时的"猪坚强"，这次有机会来这里看看（JC）。听同学说成都博物馆有几件镇馆之宝，这次专门到这里看看（CD）。这里有自己非常喜欢的名车，虽然买不起，但能近距离了解、拍照，甚至可以触摸，这也算是一种享受吧（SH） （6）走遍成都。古蜀文明可能和当时的中原文明一样重要，今天专程来这里踏寻古蜀的文化；朋友推荐金沙博物馆，今天与朋友一起过来这里看看（JS）。从小都背诵杜甫的诗，今日到杜甫的故里来看；周末带着孩子来这里感受杜甫当年在成都生活的地方（DF）。今天是来成都旅游，专门安排到三国圣地武侯祠（WH）
	社会交往 动机	家人朋友	（1）家庭活动。周末时我们经常开车带着家人到这里一起喝茶交流参观，接受艺术的熏陶（XL）。放假了，全家人一起专程到安仁镇看博物馆（JC）。我们都有年卡，没事就带着家人来这里转（JS）。杜甫博物馆里面的环境很好，有空就陪家人来这里喝茶（DF）。放假了，带着孩子到这里感受三国的文化和典故（WH） （2）朋友交往。我们是参加一个活动，地点就在这个博物馆，这里还是一个具备酒店接待功能的场所（XL）。和宿舍的同学一约着到大邑县博物馆小镇参观，专门安排了一天的时间到建川博物馆参观（JC）。我们常和同学们一起骑车到这里参观交流；今天是我们一家人来这里参观游览（CD）。我们平时都喜欢赛车，经常一起到三和博物馆参观（SH）。今天我和同学一起来这里参观展览，一起在院里转转（JC）。我们都是三国文化的爱好者，大家一约着到这里聚聚（WH） （3）期待偶遇。每次来参加艺术展览，都能结识一些艺术圈的朋友（XL）。来这里不仅是参观学习，更希望能遇到一些志同道合的朋友（JC）。来这里参观可以遇到一些同样爱好的车友，大家一起交流、参观、喝茶，很开心（SH）。今天来杜甫博物馆看看，期望能遇到和自己有共同兴趣的朋友（DF）
	放松与 逃避动机	放松娱乐 逃避	（1）静心休闲。每次来这里都很安静，很放松；博物馆里有茶馆，参观累了，就坐下来喝喝茶，聊聊天（XL）。建川博物馆很大，就像一个大公园一样，我们在这里待得很放松（JC）。路过天府广场，会到博物馆里逛逛，一天的疲惫就没有了；我们几乎每天都带小孩到这里玩耍（CD） （2）欢乐时刻。在这边逛街时，顺便到博物馆玩耍（CD）。博物馆里面有儿童娱乐区，这是我们经常放松的地方；在高新区这边办事，结束后到这附近的三和博物馆参观，为三和博物馆打卡（SH）。我们参观完展厅后，在园区里散心，这里有一个鹿苑（JS）。没有什么特别的目的，就是过来这里玩玩逛逛（DF）。每次到锦里逛，都会走进武侯祠看看（WH）。心烦时会来这里喝茶，顺便参观许老师最新的展品（XL）

续表

主范畴	副范畴	初始范畴	初始概念及原始用语摘录
参观者动机	放松与逃避动机	放松娱乐逃避	（3）沉浸自我。我喜欢沉浸在一些历史的思考中，而不去考虑外界的事情；站在抗日壮士的广场，大家都陷入了深深的震撼中（JC）。周围是繁华的天府广场，但这里是可以让人心里安静的一个角落。看着静静躺着的各种展品，自己的心也随之停顿在那一刻（CD）。站在梦寐以求的爱车面前，畅想着自己能自由驰骋（SH）。金沙博物馆平时人并不多，来这里可以静静地感受古蜀的文明；园区很大，有假山、竹林，宛如世外桃源；带着 AR 的互动，沉浸在遗迹馆的古代遗址中（JS）。每次到杜甫草堂，都会畅想当时的那种生活情景；读着杜甫的诗，能感受到他当时的不得志（DF）。畅想落魄时的刘备，有时感觉自己也像他一样（WH）

表 3-3 参观者知识背景访谈资料整理

主范畴	副范畴	初始范畴	初始概念及原始用语摘录
参观者知识	理论知识	艺术知识历史知识科技知识	（1）艺术兴趣。我平时比较喜欢艺术，经常会到艺术博物馆看一些最新的展品，了解市场的最新动态；周末有时就带着孩子来这里看看艺术展（XL） （2）历史爱好。每年的"九·一八"前后，我们全家都会专程到建川博物馆游览，缅怀当时参加过抗日战争的祖父（JC）。孩子对皮影戏比较感兴趣，每到周末我们都会来这里参观（CD）。对成都的历史比较感兴趣，经常会来这里看看（JS）。来这里也是感受下杜甫曾经落脚的地方（DF）。比较喜欢看新《三国》，遇到与三国有关的遗址或展览都会逛逛（WH） （3）逐梦科技。平时比较喜欢车，会约朋友一起常来这里参观；我们是车辆工程专业的大三学生，对车都很感兴趣，这里也是我们经常来参观的地方（SH）
	经验知识	经常走进博物馆经常参加各种文化活动	（1）文化之旅。许燎源博物馆的展览平时也很多，我们都是这里的常客（XL）。带着孩子来这里一起看看，比较喜欢这里（JC）。成都博物馆晚上都开放，我们来这里的频率很高（CD） （2）参观展览。平时比较喜欢看国际赛车比赛（SH）。跟随旅游团专门到这里看看古蜀的文化（JS）。杜甫草堂是中小学生暑假经常参观的地方，来这里都很多次了（DF）。除了成都外，其他地方的很多三国遗址我也都去过，但武侯祠应该是最规范的三国圣地（WH）

表 3-4　参观期间行为访谈资料整理

主范畴	副范畴	初始范畴	初始概念及原始用语摘录
参观者行为	参与	希望积极参与想参与	乐于参加。我喜欢现场的雕塑制作，有专门的老师指导，这样能学到很多知识和技巧。如果工作人员组织活动，我会很乐意参加（XL）。这个博物馆的活动非常多，我们都会主动地去参加博物馆组织的活动（JC）。我经常询问工作人员是否有参观者可以参加的活动；这里是青少年的活动基地，每次来都有专门的老师组织一起活动（CD）。展厅里的展品都是设置保护的，很想触摸（JS）。在草堂背杜甫的诗是有意义的一项体验；我们在讲解员的语音下参观（DF）
	互动	与工作人员与其他参观者与设备	（1）主动互动。我会和我认识的人一起互动；我会和我一起的人进行互动；我喜欢利用设备（JS）。我喜欢和讲解员进行互动；在参观期间，我们一起来的人会一直交流拍照（CD） （2）被动互动。我不会主动和工作人员互动，除非在工作人员的安排下；我不想互动，就是想到处逛逛看看（CD）。我会主动和工作人员互动；我常常主动用智能设备来操控展品；我比较喜欢这里的试驾活动（SH）

表 3-5　参观体验价值访谈资料整理

主范畴	副范畴	初始范畴	初始概念及原始用语摘录
参观者体验	审美体验	享受美感欣赏美	（1）视觉之美。许老师的书法、雕塑令人赏心悦目；这里的建筑设计别具一格，件件都是艺术品（XL）。虽然红色记忆的展品年代久远，但看起来仍然整洁、新奇；每一座场馆就是一件艺术品（JC）。成都博物馆内外部建筑都非常美观，展厅富丽堂皇；一件件展品布置得栩栩如生（CD）。三个车轮的老爷车充满了历史的沧桑感（SH） （2）触觉之美。那些凳子、沙发触摸起来令人享受（XL）
	教育体验	获得收获提升自我	（1）丰富。这里的艺术品拓展了我的视野（XL）。这里的艺术品太丰富了，令我目不暇接（CD）。来这里学到了历史书上不曾学到的一些历史知识；抗震救灾馆让自己认识到了当时地震的残酷性（JC） （2）有益。了解到很多兵器方面的知识；三寸金莲博物馆的展品是我第一次见（JC）。我到成都博物馆是专门来了解感兴趣的石刻碑文（CD）。了解到中国第一代红旗车的情况（SH）

主范畴	副范畴	初始范畴	初始概念及原始用语摘录
参观者体验	娱乐体验	享受参观体验愉快	（1）开心。一些艺术品很精致，适合放在家里做装饰品（XL）。大家来这里参观都非常开心和放松（JS）。这里的商店有很多孩子喜欢的文创小礼品，每次到这里都能满载而归（DF）。这里吃喝玩参观一条龙服务（WH）。坐着这里的观光车到处转转，令人兴奋（JC） （2）享受。下班后来这里逛逛，身心都很放松和宁静（CD）。畅游在豪车的展览中，令人陶醉（SH）。半天的行程，满满的欢喜，不好的心情全没了（JC）
	逃避现实体验	全心投入忘记烦恼	（1）沉浸。碰到喜欢的艺术品，会有一种沉浸的感觉，会幻想一些事情（XL）。每次来这里都会待很久，为的就是让自己能好好地放松；抗战馆有许多电子互动的地方，每次到那里，都有一种身临其境的感觉（JC）。每次看到这些千年前的文物，自己就仿佛穿越到古代，忘记了周围的一切；文物迷的我，今天专门来这里寻找内心的一种安静（JS） （2）忘我。站在喜欢的豪车前，忘记了烦恼；每次到三和参观，工作中的烦躁会很快消失（SH）

表 3-6　参观后行为意愿访谈资料整理

主范畴	副范畴	初始范畴	副范畴及典型用语摘录
行为意愿	内容生成	分享体验与经历 提供建议 参与评论	（1）分享。每参观一个展馆都发朋友圈；我专门拍了地震时的猪分享给朋友（JC） （2）建议。有些展品摆放不够好，我不知道怎么给博物馆提建议（CD）。我在参观者留言本上写了参观感受，并对博物馆提了一些建议（JC）。我在博物馆的建议簿上写下了自己的几点建议（SH）。进入博物馆后就分享了朋友圈，好友们惊呼在哪里（JS）？这里播放的音乐给人一种安静的感觉，如果能再多一些唐代的穿越效果会更好；大众点评部分网友说杜甫草堂博物馆没什么看的，我会发表自己的看法，只有喜欢这类博物馆的人来这里参观才会觉得满足；建议杜甫草堂博物馆与学校教育相结合，更好地推广唐代的古诗文化（DF）。武侯祠互动的项目相对较少，应该布置更多三国时的场景才能真正体验三国时的文化（WH） （3）点赞。"三国"小视频很吸引孩子们，点赞；我看了知乎上的评论，好评如潮，今天的体验也非常好，我也追加好评（WH）。今天的参观心情很好，给了好评（XL）。我现场给朋友发了展品的视频，建议他们有时间过来看看（SH）。我给身边的朋友推荐了成都博物馆（CD）

续表

主范畴	副范畴	初始范畴	副范畴及典型用语摘录
行为意愿	强化	重访寻找更多信息	（1）期待再次参加。下周会有我感兴趣的展览，我已经报名（JC）。下个月的大型展览正好我有时间，我一定要来参加的，我还会告诉我的朋友们（XL）。我很期待参加下次汽车音乐节的活动（SH）。杜甫草堂的诗词活动开展得很好，期待下次带孩子过来（DF） （2）与他人交流。大众点评网和知乎上有很多建川博物馆的评论，我也参与了评论（JC）。有时间我会再次来成都博物馆参观；我们是在美团上找到的这个博物馆，我会给博物馆一个好评（CD）。网上对金沙的总体好评居多，有一个网友讲得好，只有到金沙参观，才能真正感受成都的历史；跟着别人来这里玩的人很多，展厅很大，专门上官网看了参观指南（JS）。这里安静，坐在这里心情可以很好地放松，有网友评价，我追加了评论；小桥、流水、草屋，仿佛到了世外桃源，工作之余可以来这里好好地放松（DF）。武侯祠博物馆虽不大，但这里的三国文化氛围很浓厚，值得参观（WH） （3）进一步搜寻。我专门百度了樊建川的一些事迹，关注了樊建川的微博；上网了解了更多关于博物馆的信息（JC）。我搜索了创始人黄宗敏的一些个人情况（SH）

　　关于参观者动机类型探索，已有旅游领域中的很多学者都认为走进博物馆的参观者一般怀有探索动机、教育动机、逃避现实动机、放松动机及社会交往动机（Allan，2013，2014；Kim 等，2006；Kim 和 Jogaratnam，2002）。但通过对参观者的访谈后发现了与以往学者研究不太一致的现象，主要体现在以下两个方面：一是参观者的探索动机和教育动机往往交织在一起较难细分；二是参观者的放松动机和逃避现实动机也往往交织在一起很难细分。表3-2 中初步归纳出了参观者动机的三个类别：探索与教育动机、社会交往动机及放松与逃避动机，已有学者在研究博物馆参观者的动机时也采用了类似的分类（England，2003；Medić 等，2015）。

　　关于参观者的体验价值分类，表 3-5 初步归纳为审美体验、教育体验、娱乐体验及逃避现实体验四个类别，这与经典体验模型中对体验的分类一致（Pine 和 Gilmore，1998）。关于参观期间的行为分类，表 3-4 初步归纳为参与和互动两种，这与以往学者的研究基本一致（Antón 等，2017；Minkiewicz 等，2014；Yalowitz 和 Bronnenkant，2009）。参观结束后的行为意愿归纳为内容生成和强化两种（见表 3-6），这与以往文献研究中对参观后行为意愿的阐述一致（Antón 等，2017；Jaime，2017）。关于参观者的知识背景，表 3-3 初步归纳为参观者的理论知识和经验知识两类，这与以往文献中对参观者知识的研究类似（Antón 等，2017）。

第三节　参观者体验价值的机理分析

在对参观者访谈资料进行开放式编码和主轴式编码后，初步归纳出了参观者的三个动机、四个体验价值、参观期间的两种行为、参观后的两种行为意愿以及参观者的两类知识背景，下一步继续整理和提炼原始的访谈资料，主要探索参观者动机视角下体验价值的影响与作用机理，主要涉及参观者的动机对体验价值的影响，参观者的动机对参观期间参与、互动的影响，参观者参与、互动对体验价值的影响，参观后体验价值对内容生成和强化的影响等。具体资料提炼内容如表 3-7~表 3-12 所示。

一、参观者动机对体验价值的影响

探索与教育动机是参观者走进博物馆最常见的一种动机（Allan 和 Altal，2016；England，2003；Medić 等，2015），从表 3-7 中对参观者访谈资料的提炼发现，在日常参观或专程参观的情况下，参观者的探索与教育动机尤其明显，参观期间的各种体验也非常丰富，其中教育体验、娱乐体验尤为明显。在跟团旅游走进博物馆的情况下，参观往往会被贴上文化旅游的标签，参观者将获得更多的娱乐体验、审美体验、教育体验。此外，在探索动机下走进博物馆的参观者，往往具有很强烈的好奇心，一般都是直接寻找自己之前计划想看的展品进行参观，而且是深度参观，他们带有明确的目的和计划，在目标展品面前会驻足很久，他们往往能获得更多的教育体验、审美体验及娱乐体验。由此可以推断，参观者的探索与教育动机会影响到参观者的各种体验价值。

随着走进博物馆成为越来越多人的一种生活习惯，怀有放松与逃避动机的参观者越来越多。现在的博物馆已经是集参观学习、休闲娱乐为一体的综合公共文化机构，很多参观者到博物馆的主要目的就是放松休闲（Hooper-

博物馆体验价值研究：基于参观者动机视角

Greenhill，1994），他们往往喜欢沉浸在喜欢的展品中忘记周围的一切，累了也会到博物馆商店欣赏创意产品，或者坐下来喝茶聊天，这些参观者往往获得更多的是娱乐体验、逃避现实体验及审美体验。由此可以推断，参观者的放松与逃避动机会影响到参观者的逃避现实体验价值、娱乐体验价值及审美体验价值。与怀有放松与逃避动机的参观者类似，现在很多人都把博物馆作为一种社交场所（Hooper-Greenhill，1994），和家人、朋友一起走进博物馆，或者单独到访、期望能结识一些有共同爱好的朋友，他们在这里获得更多的是娱乐体验、教育体验和审美体验，由此可以推断，参观者的社会交往动机会影响他们的娱乐体验价值、教育体验价值及审美体验价值。根据以上分析，提出如下初始命题：

命题1：参观者的动机对其体验价值有影响。

表3-7　参观者动机对体验价值影响的访谈资料整理

参观者典型用语举例	关键词	逻辑关系
儿子是汽车迷，经常带着他到三和近距离感受这些名车，孩子不仅玩得非常嗨，而且还认识了很多名车的标志并学到了汽车方面的一些知识（SH）。在朋友的推荐下，我们专程到许燎源博物馆，感受许先生的物感主义，享受艺术的美感（XL）。成都博物馆不仅展品好看，而且还有很多娱乐项目，大家收获颇丰（CD）。对红色年代的了解仅限于书本上的介绍，今天专程到建川博物馆，到这里的红色年代馆追寻一下那时候的一些踪迹，大家受益匪浅（JC）。自己痴迷的一辆名车只能在网上看到照片和视频，前段论坛留言三和老爷车博物馆有这款车，欣喜万分，专程来参观（SH）。中医专业的我，听说成都博物馆有古代的人体模型，今天专程这里寻宝，要一睹"偶像"的风采，人体模型让我非常震撼（CD）。穿梭在不同展馆之间，忘记日常生活的各种烦恼（JC）	探索与教育动机体验价值	探索与教育动机可能影响审美体验价值、教育体验价值、娱乐体验价值及逃避现实体验价值
大家一起到三和老爷车博物馆参观车展，不仅增长了见识，享受了这些漂亮的豪车，还玩得挺开心（SH）。每到周末，我们全家都会到成都博物馆转转，让孩子感悟传统文化，在参观中学到一些知识，大人们也可以在这里放松娱乐（CD）。爷爷曾经参加过革命，这次专门带他到建川博物馆参观，爷爷参观得很仔细，在很多展品前驻足良久并喃喃自语，全家人在一起很快乐（JC）	社会交往动机体验价值	社会交往动机可能影响审美体验价值、教育体验价值、娱乐体验价值

续表

参观者典型用语举例	关键词	逻辑关系
周末专门开车到博物馆小镇放松心情，人不多，地方很大，可以好好欣赏这里的展品（JC）。在博物馆做了一幅画，受到了博物馆老师的好评，非常开心（XL）。周一至周五时，成都博物馆人比较少，可以在这里放松心情，孩子还可以在这里参观（CD）。平常这里人不多，很多成都人都会来这里寻求暂时的宁静，调节忙碌的都市生活（JS）。大家选择了一个有建川博物馆的旅行项目，这里的纪念品很有趣，很多是 20 世纪五六十年代的物品，来这里会让人有更多的思考（JC）	放松与逃避动机体验价值	放松与逃避动机可能影响审美体验价值、娱乐体验价值、逃避现实体验价值

二、参观者动机对参与、互动的影响

参与和互动是旅游与营销领域中比较重要的消费者行为（Antón 等，2017；Bilgihan 等，2015；Jung 和 Yoon，2012；Leask，2016；Vega‑Vazquez 等，2013）。对于走进博物馆的参观者，他们的主动参与和积极互动将可能获得更好的参观体验。博物馆一直都鼓励参观者主动参与博物馆的活动并积极互动，例如，与工作人员互动，与其他参观者互动，积极参与留言和建议，积极利用智能设备等。同时也一直在努力提供更吸引人和更有意义的参与项目和互动项目。从表 3-8 中对参观者的访谈资料可以发现，在参观者怀有探索与教育动机的情况下，参观者不仅愿意参与博物馆组织的一些活动，也愿意和工作人员互动、和其他参观者一起互动以及利用智能设备进行互动。在参观者怀有社会交往动机的情况下，这些参观者更倾向于参与博物馆组织的一些活动。在参观者怀有放松与逃避动机的情况下，他们往往更喜欢沉浸在自己喜欢的展览中，尽情的放松，忘记周围的一切。由此可以推断，参观者的探索与教育动机、社会交往动机及放松与逃避动机会影响到其参观期间的参与和互动行为。根据以上分析，提出如下初始命题：

命题 2：参观者的动机对其参与和互动行为有影响。

表 3-8　参观者动机对参与、互动影响的访谈资料整理

参观者典型用语举例	关键词	逻辑关系
老师带着我们到博物馆参观，就是为了让我们感知中国的传统文化，老师要求我们积极参与博物馆的各项活动（CD）；现在的博物馆不仅是展览文物，还有许多知识讲解，专家讲课，所以孩子写完作业，我都会带着他到这里参加一些活动，和孩子一起开阔下视野（JS）。听完樊建川先生的讲座后，专程到大邑县建川博物馆参观，其间和工作人员做了大量的交流，了解其博物馆的成长，了解樊建川本人，了解博物馆背后的一些故事（JC）。我在 4S 店工作，对汽车有一些研究，和这里的工作人员、老板都是熟人，经常来这里可以给我很多启发和思考（SH）。今天是个展览日，我的作品也放在了博物馆，常和这里的人员交流，水平也在不断提升（XL）	探索与教育动机参与互动	探索与教育动机可能影响参与、互动
只要有时间我们就一起到博物馆转转，边参观边给孩子讲这些展品的情况，并让他积极参与一些活动，非常有趣（JS）。我们科室会定期组织大家一起参与博物馆的一些活动，既能促进同事们的交流，又能让大家欣赏艺术，放松心情（CD）	社会交往动机参与互动	社会交往动机可能影响参与
一群车友相约到三和老爷车博物馆玩耍，大家都在不停地交流，全身心地放松（SH）。工作之余，我会到许燎源博物馆看展品，在艺术的海洋中放松自己，每一件艺术品背后都有一个故事，每次站在展品前，我都会和工作人员进行展品方面的交流；现在博物馆什么都有，除了可以参观学习外，还是喝茶聊天的场所，也有一些群体的活动，很有趣，能提升自己的文化品位，还可以参加一些活动、认识一些朋友（XL）。成都博物馆有很多智能设备，还有机器人讲解，今天就是专程来这里看这些智能设备的；逛了一上午，听说下午这里有个展览，我们就报名参加了（CD）。许燎源博物馆定期会有寓教于乐的项目，参观者如果被抽中的话，可以和大师一起创作，期待今天能被抽中（XL）	放松与逃避动机参与互动	放松与逃避动机可能影响互动

三、参观者参与、互动对体验价值的影响

从表 3-9 中对参观者访谈资料的提炼发现，主动的参与和积极的互动会带给参观者更好的体验价值，比如说参观者积极参与博物馆组织的一些活动，参观者就可以获得更深的教育体验价值，即使在被动参与的一些活动中，参观者也能获得超越预期的体验价值。一些参观者甚至愿意参加一些更深入的活动。对于互动，与工作人员的互动可以带给参观者更多的教育体验、娱乐体验和审美体验，与其他参观者之间的互动可以带给参观者更多的娱乐体验和逃避现实体验，利用智能设备的互动可以带给参观者更多的教育体验、娱

乐体验和逃避现实体验，由此可以推断，参观者的参与和互动会影响到参观者的各种体验价值。根据以上分析，提出如下初始命题：

命题3：参观期间的参与、互动对参观者体验价值有影响。

表3-9 参观者参与、互动对体验价值影响的访谈资料整理

参观者典型用语举例	关键词	逻辑关系
成都博物馆经常会有一些讲座，只要有时间我都会来听，并积极回答主讲人的问题，以解答之前的疑惑并拓展自己的知识，每次参与都能开阔自己的眼界（CD）。周末时，朋友带我到三和老爷车博物馆参观，我们在现场积极参加了工作人员组织的活动，每个人都学到了很多东西（SH）。跟着旅游团参观了成都博物馆，大家都是随便看看、拍拍照（CD）。我在建川博物馆辉煌巨变馆的留言簿上签下了名字，并写了参观的感悟（JC）	参与体验价值	参与可能提升参观者的体验价值
这里的工作人员有一半的人都是志愿者，每次来这里都会和他们积极互动，从他们那里可以获得更多的展览信息，提高了参观的效率和质量（JS）。在三和老爷车博物馆参观的时候，我们随团的游客一直都在互相交流，以获取更多的信息（SH）。我每次在博物馆都喜欢利用博物馆的智能设备，认为这样能玩得开心，也能学到很多知识（CD）	互动体验价值	互动可能提升参观者的各种体验价值

四、参观者体验价值对内容生成、强化的影响

走进博物馆的参观者，无论怀有什么样的参观动机，最终都是为了获得好的体验价值。当参观者离开博物馆后，他们的行为意愿会是怎样的？从表3-10中对参观者访谈资料的提炼发现，一些参观者会边看边发朋友圈，通过微信朋友圈和朋友互动，以照片或小视频的形式推荐这个展览的好或批评展馆里的秩序混乱等。一些朋友在参观结束后，会把整个参观的体验和经历给朋友们分享。随着参观的深入，一些朋友会进一步网上搜索博物馆的其他信息，例如，有的参观者第一次走进建川博物馆时，对建川博物馆和樊建川本人的兴趣就越来越浓，就会上网搜索更多关于他们的信息；有的参观者在参观博物馆时，博物馆的各项服务没有达到自己的要求，就会给博物馆提出改进的意见；有的参观者通过一些旅游网站，例如，马蜂窝、知乎等网站了解的博物馆，他们会在这些网站或社区进行评论，或者对之前的一些网友评论

进行跟帖或反驳等。一些跟团旅游的参观者，在匆匆参观建川博物馆后，意犹未尽，期待着下次再来细细品味。一些汽车爱好者不经意到访成都三和老爷车博物馆后，总觉得时间不够，期待下次抽出专门时间来参观。从以上可以推断，参观者获得的各种体验价值会影响其参观后的内容生成和强化行为意愿。根据以上分析，提出如下初始命题：

命题4：参观者的体验价值对其参观后的内容生成和强化有影响。

表3-10　参观者体验价值对内容生成、强化影响的访谈资料整理

参观者典型用语举例	关键词	逻辑关系
博物馆的展品非常开阔眼界，边看边发朋友圈，给好友们推荐下；跟随旅游团的讲解员，把整个博物馆转了转，虽然了解到很多知识，但总觉得是走马观花，不能在自己喜欢的展品面前多看，以后建议还是要自己来参观，不能跟着旅游团（CD）。孩子在三和老爷车博物馆太痴迷，在每部展车面前都驻足品味，我希望以后有时间就带孩子来这里参观（SH）。今天在许燎源博物馆免费听了一场艺术类讲座，受益匪浅，给博物馆点赞（XL）。我在每一个车展前留了纪念，分享到朋友圈，好友们纷纷问我在哪里呢（SH）？西岭雪山两日游，建川博物馆也是其中一个景点，在导游的带领下，选择了几个馆转了转，感觉非常好，随即在网上了解了建川博物馆和他本人的经历，推荐朋友们有机会到这里打卡（JC）	体验价值内容生成	参观后会分享朋友圈；给朋友们提了建议，参观者会期待参加下一次的活动；给博物馆提一些建议；分享朋友圈；到网上搜寻更多信息
每次逛天府广场，都可以看到成都博物馆美丽的外观，一座建筑本身就是一件艺术品；走进富丽堂皇的成都博物馆，仿佛走进一座宫殿，令人目不暇接的展品让参观者大饱眼福，为了长久地留住这些美图，馆厅里都是拍照声（CD）。建川博物馆的每一座展馆都非常美，我看到有的人在这里拍婚纱照呢！听工作人员讲，五一、十一、端午等节日游客最多，在这里住几天，恍如住在一个世外桃源，只要有机会我会常来这里（JC）。我们是美术专业的学生，定期都会到许燎源博物馆写生，平时如果没有大的活动，这里参观者都较少，我们会到这里作画、参观（XL）。今天是周三，这里人不多，感觉突然从喧器的城市到了一个乡村田园，不用进馆，仅博物馆的外边就很值得转（JC）	体验价值强化	给朋友推荐；拍照作为社交媒体中的图片；有时间就会来博物馆参观；在社交媒体给博物馆好评

五、参观者动机和参与、互动对体验价值的影响

从表3-11中对参观者访谈资料的提炼可以发现，当参观者以某种动机走

进博物馆时，通过主动的参与和积极的互动行为可以带来更好的体验。例如，参观者以探索与教育动机走进博物馆参观，通过积极参与博物馆组织的一些活动，通过利用智能设备，参观者就可以获得更深的参观体验。参观者以放松与逃避动机走进博物馆，通过与其他参观者的互动可能会提升参观者的体验。由此可以推断，参观者的参与和互动和动机共同对其体验价值发挥影响。根据以上分析，提出如下初始命题：

命题5：参观者的动机和参与、互动共同影响参观者的体验价值。

表3-11　参观者动机和参与、互动对体验价值影响的访谈资料整理

参观者典型用语举例	关键词	逻辑关系
每次博物馆举办大型展览我都会尽力参加，因为这种展览都是经过精心准备的，不仅可以参加他们组织的活动，还可以通过与现场工作人员或专家的互动来开阔自己的视野和眼界并提升知识面（CD）。周末和朋友一起逛完锦里，商量一起到武侯祠看看，主要想彻底放松下，我们在现场积极参加了工作人员组织的活动，我们过得很愉快，消除了之前的一些烦恼（WH）。每次走进三和老爷车博物馆，都会积极参与博物馆组织的活动，并在工作人员的指引下与其他人一起互动，每次大家的体验都非常好（SH）。这里的工作人员非常热情和专业，每次来这里都会和他们积极互动，从他们那里可以获得更多的展览信息，提高了参观的效率和质量（JC）。因参加成都的一个会议，大家一起走进了许燎源博物馆，工作日人比较少，在工作人员的引导下参加了互动项目，大家都很有收获（XL）。我这次是独自一人来金沙遗址博物馆参观，在工作人员的组织下，和其他观众组成了一个小团队，虽然大家之前都不认识，但在互动中玩得很开心；我每次在博物馆都喜欢利用智能设备互动，我认为这样既能玩得开心，也能学到很多知识（JS）	动机参与、互动体验价值	怀有某种动机的参观者通过积极的参与和互动行为提升了参观者体验

六、参观者知识在动机对体验价值影响中的作用

从表3-12中对参观者访谈资料的提炼发现，对历史/科技/文化感兴趣的参观者来说，当他们怀有某种动机走进博物馆时，所获得的参观体验可能会更加强烈。例如，怀有探索与教育动机的参观者走进许燎源博物馆，当参观者本身对艺术就很感兴趣时，他会获得更多的审美体验和教育体验。对于经常参观博物馆以及其他文化活动的参观者来说，当他们怀有某种动机走进博

物馆时获得的体验也会更加强烈。例如，参观者是个博物馆迷，经常到一些著名的博物馆打卡，当他以放松与逃避动机走进建川博物馆时，他可能会获得更多的审美体验和教育体验。由此可以推断，具有一定知识背景的参观者会促进动机对其体验价值的影响。根据以上分析，提出如下初始命题：

命题6：参观者知识对参观者动机和体验价值之间的影响有促进作用。

表3-12　博物馆参观者知识影响的访谈资料整理

参观者典型用语举例	关键词	逻辑关系
自己从小就对艺术感兴趣，每次都是有明确的目的去参加一些喜欢的展览，博物馆的展品非常开阔自己的眼界，看到自己喜欢的展览非常开心（XL）。男孩从小就对车感兴趣，对车的知识储备较多，当听说有自己喜欢的车型出展时，孩子就会嚷嚷着去三和，他常常在自己喜欢的车面前驻足品味，叫好几次都叫不走（SH）。根据自己之前了解的历史知识，走进建川博物馆的一个个展馆，那种感觉是非常充实的（JC）。我们家经常会去参加一些文化娱乐活动，主要想提升全家的文化品位，今天我们参观杜甫草堂博物馆感觉非常好，在这里能体会到更多的诗书气息（DF）。我平时比较喜欢参加各种文化活动，成都博物馆免费，所以来的频率也比较高，无论是这里的建筑还是展览，每次的感觉都非常好（CD）。今天到访，第一个感受是馆区非常安静，适合思考和交流，馆内的展品精美绝伦，非常开心（JS）。作为一名历史迷，今天到建川博物馆了解那段历史，看到那些抗战老兵的雕像，看到三寸金莲，看到家具博物馆，真正享受了一场视觉盛宴（JC）。我和孩子都对车感兴趣，经常到三和老爷车博物馆，沉浸在自己喜欢的车上久久不愿离开，要是自己能买一辆多好啊！每次来这里看车都是一种享受（SH）。在自己喜欢的展馆内追寻历史的痕迹，在这里住几天，恍如住在一个世外桃源，只要有机会我就会常来这里（JC）	参观者动机 参观者体验 参观者知识	具有艺术等兴趣的参观者或经常参加文化活动的参观者，当怀有某种动机走进博物馆时，获得的体验会更加强烈

七、理论饱和度检验

当对第18名参观者的访谈资料编码分析后，博物馆参观所涉及参观前的动机、参观期间的行为、参观的体验价值、参观后的行为意愿、参观者的知识背景以及相关因素之间的关系已经归纳完成，进一步用剩余的6份参观者访谈资料进行理论饱和度检验，通过上述程序编码提炼后，没有发现新的构成因素和影响，说明上述构建的变量之间的关系在理论上已经饱和（董京京，

2019；韩箫亦，2020）。

第四节　初始研究框架

本节以部分参观者为访谈对象，从访谈资料中提炼了关键变量的类别及变量之间初步的关系。访谈发现参观者的动机是参观期间行为和体验价值的重要影响因素，参观期间的参与和互动是实现参观者体验价值共创的关键要素，参观后的行为意愿是参观者体验价值的重要结果，参观者的知识背景在动机对体验价值的影响中有促进作用。因此，在提出六个初始命题的基础上构建参观者动机视角下博物馆体验价值的初始研究框架（见图3-1），对于具体参观者动机对体验价值的影响将在下一章作进一步分析并提出研究相关假设。

命题1：参观者的动机对其体验价值有影响。

命题2：参观者的动机对其参与和互动行为有影响。

命题3：参观期间的参与、互动对参观者体验价值有影响。

命题4：参观者的体验价值对其参观后的内容生成和强化有影响。

命题5：参观者的动机和参与、互动共同影响参观者的体验价值。

命题6：参观者知识对参观者动机和体验价值之间的影响有促进作用。

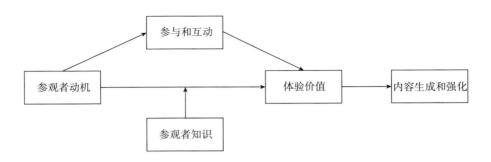

图3-1　参观者动机视角下博物馆体验价值的初始研究框架

第四章　研究假设提出与概念模型构建

第三章运用定性的方法初步探讨了参观者动机视角下博物馆体验价值的初始命题，本章将结合已有的相关文献进一步对初始命题中的各变量之间的影响进行分析，提出细化后的理论假设，为构建实证模型提供支撑。

第一节　参观者动机和体验价值的关系

许多学者在研究中都指出游客动机和体验价值之间的紧密联系（黎冬梅，2021；Moral-Cuadra 等，2020；屈小爽，2015）。动机作为行为背后的重要驱动力，能直接影响人们参与活动的体验感知（Moral-Cuadra 等，2020；Yoon 和 Uysal，2005）。Utman（1997）在研究动机的影响时指出，人们参与某项活动的动机越强烈，他从中获得的体验价值可能就越好。刘凡（2020）在探索民族博物馆的服务设计和参观者体验时指出，参观者的动机是影响其体验价值的重要因素之一，动机不同，即使参观了同样的展品，获得的体验价值也可能不同，以上文献都指出游客动机对体验价值有重要影响。

关于游客的具体动机对其体验价值的影响，肖胜和（2010）在研究徒步旅游动机对体验的影响时指出，游客寻求挑战的动机、寻求参与的动机、寻求发现的动机及社会交往的动机对其自我完善、自我实现和成就感等体验价值有重要影响。Tseng 和 Teng（2015）在研究网络游戏玩家的偏好时指出，玩家的探索动机通过虚拟环境中的各种体验价值进而影响最终的消费意愿。Allan 和 Altal（2016）在探索博物馆旅游中游客的动机和情感参与时指出，人们进入约旦博物馆的主要动机是探索动机，在探索动机下参观者的各种体验价值就体现得尤为强烈。黎冬梅（2021）在探索乡村旅游游客对乡村居民刻板印象时指出，游客的知识背景和内外在动机等都会影响其共创体验价值。以上文献指出游客的社会交往动机、探索动机、放松动机等对其体验价值的影响，但关于本章涉及的动机类型对体验价值的影响还需要进一步分析。

原始访谈资料内容反映了参观者社会交往动机、探索与教育动机及放松与逃避动机对体验价值的影响。例如：①儿子是汽车迷，经常带着他到三和老爷车博物馆近距离感受这些名车，孩子不仅认识了很多名车的标志，而且玩得非常嗨（SH）。在朋友的推荐下，我们专程到博物馆感受许燎源先生的物感主义，享受艺术的美感（XL）。我是专程到建川博物馆参观，穿梭在不同展馆之间，忘记日常生活的各种烦恼（JC）（以上资料反映了参观者的探索与教育动机对各种体验价值的影响）。②大家一起到三和老爷车博物馆参观车展，不仅增长了见识、享受了这些漂亮的豪车，还玩得挺开心（SH）。每到周末，我们全家都会到成都博物馆转转，让孩子多感悟传统文化，在玩耍中学到一些知识，大人们也可以在这里放松（CD）（以上资料反映了参观者的社会交往动机对娱乐体验价值、教育体验价值和审美体验价值的影响）。③周一至周五时，成都博物馆人较少，可以在这里放松心情、参观展览，孩子还可以在这里玩耍（CD）。金沙博物馆外的面积很大，平常这里人不多，很多成都人都会来这里寻求暂时的宁静，调节一下忙碌的都市生活（JS）（以上资料反映了参观者的放松与逃避动机对审美体验价值和逃避现实体验价值的影响）。

以上原始访谈资料指出具体动机对体验价值的影响，已有文献也指出了知识动机或学习动机对教育体验价值的影响、放松动机对逃避现实体验价值的影响，例如，Elliot 和 Dweck（2005）在研究能力和动机的关系时指出，知识动机是教育体验价值的一个重要预测因素。方叶林等（2013）在探索战争纪念馆游客动机对体验价值的影响时指出，参观者的学习及好奇动机对其教育体验价值有正相关作用。Park 和 Chon（2011）在阐述参加俱乐部活动时的动机、体验及满意度的关系时指出，人们的放松休闲动机对其逃避日常生活体验价值有积极的影响。综合以上分析，本章认为，参观博物馆的社会交往动机、探索与教育动机及放松与逃避动机可能会对参观期间的审美体验价值、教育体验价值、娱乐体验价值及逃避现实体验价值产生影响。因此，提出以下假设：

H1a：社会交往动机对审美体验价值有正向影响。

H1b：探索与教育动机对审美体验价值有正向影响。

H1c：放松与逃避动机对审美体验价值有正向影响。

H2a：社会交往动机对教育体验价值有正向影响。

H2b：探索与教育动机对教育体验价值有正向影响。

H2c：放松与逃避动机对教育体验价值有正向影响。

H3a：社会交往动机对娱乐体验价值有正向影响。

H3b：探索与教育动机对娱乐体验价值有正向影响。

H3c：放松与逃避动机对娱乐体验价值有正向影响。

H4a：社会交往动机对逃避现实体验价值有正向影响。

H4b：探索与教育动机对逃避现实体验价值有正向影响。

H4c：放松与逃避动机对逃避现实体验价值有正向影响。

第二节　参观者动机和参与、互动的关系

参与和互动作是营销和虚拟社区领域中研究的热点（Edmonds 等，2006；Jung 和 Yoon，2012）。许多学者的研究指出，企业鼓励消费者积极参与，并在参与中积极互动（Bilgihan 等，2015；Vega-Vazquez 等，2013）。动机作为参与和互动行为的重要前因（Mook，1996），经常引导着人们参与他们期望的活动（Li 等，2016）。不同动机下，人们参与活动的目的、方式、程度均并不一样（Claycomb，2001；Hyman，1990）。关于动机对参与、互动的影响，Wang 等（2004）在探索访客的积极性和对社区的贡献时指出，访客的工具动机和期望动机对其参与行为有显著影响。Roberts 等（2006）在研究中指出，访客的外部动机、内部动机、身份动机和使用价值动机对参与行为影响的差异性。徐岚（2007）从消费者参与创造的视角分析了顾客为什么参与创造的动机，她认为客户参与产品开发的主要动机有客户对产品的一些特殊要求、内心的独特性体验以及创造方面的一些激励因素。Etgar（2008）在描述消费者合作生产过程时指出，消费者的内心动机和自我表现越强烈，他们就越愿意参与到感兴趣的合作生产过程中。Nambisan（2009）在研究价值共创活动的自愿参与模式测试时指出，顾客的自我认同和归属动机越强烈，他们就越愿意参

与到产品的共同创造中，他们在互动中获得了更多的控制权，带给自己更多的成就感。Hoyer（2010）在研究新产品开发与消费者共同创造问题时指出，消费者参与共同创造受心理层面动机的影响很大。李朝辉（2013）从顾客参与视角研究虚拟品牌社区价值共创问题时指出，顾客的认知需求动机、个人整合需求动机、社会整合需求动机和享乐需求动机对顾客参与虚拟品牌社区自发的价值共创活动都有显著影响，个人整合需求动机、社会整合需求动机和经济利益需求动机对顾客参与社区发起的价值共创活动有显著影响。以上文献证实了顾客动机对参与和互动的影响，但关于本书涉及的具体动机对参与、互动的影响还需要进一步分析。

原始访谈资料内容反映了参观者社会交往动机、探索与教育动机及放松与逃避动机对参与和互动的影响。例如：①老师带着我们到成都博物馆参观，就是为了让我们感知中国的文化，老师要求我们要积极参与博物馆的各项活动（CD）。现在的博物馆不仅是展览文物，还有许多知识讲解、专家讲课，所以孩子写完作业，我都会带他到这里参加一些活动，让孩子和家长一起开阔一下视野（JS）（以上资料反映了参观者的探索与教育动机对参与和互动的影响）。②只要有时间我们就一起到博物馆转转，边参观边给孩子讲这些展品的情况，并鼓励孩子参与一些活动，非常有趣（JS）。我们科室会定期组织大家一起参与博物馆的一些活动，既能促进同事们的交流，还能让大家欣赏艺术，放松心情（CD）（以上资料反映了参观者的社会交往动机对参与的影响）。③一群车友相约到三和老爷车博物馆玩耍，大家都在不停地交流，全身心地放松（SH）。工作之余，我会到许燎源博物馆看展品，在艺术的海洋中放松自己，每一件艺术品背后都有一个故事，每次站立在展品前，我都会与工作人员进行展品方面的广泛交流（XL）（以上资料反映了参观者的放松与逃避动机对互动的影响）。

以上访谈资料指出了参观者的具体动机对其参与和互动的影响，已有营销领域和虚拟社区领域的文献也指出知识动机、放松动机、探索动机、社交动机等对参与或互动的影响，例如，Nambisan（2002）在探索新产品开发设计虚拟客户环境时指出，顾客在探索动机的支配下参与企业的新产品开发设计，在此过程中满足了自己的好奇心和满足感。Wang 等（2004）在研究个人和公司参与开发社区的动机时指出，社区成员的经济动机、社会动机和技术动机对其参与社区产品有显著影响。Chiu 等（2006）在研究社交网络时认为社交动机是个体基于社交网络进行参与或互动的唯一动机，是个体社会行为的直接原因。王莉和方澜（2007）在研究客户网上参与产品开发的动机时指出，客户的产品需求动机、社会交往动机和沉浸动机是影响客户网上参与产品开发的主要动机。王新新和薛海波（2008）从消费者需要的角度探讨消费者参与品牌社群问题时指出，消费者的社交动机、休闲娱乐动机、信息动机、能力成就动机和经济利益动机都会影响到消费者的积极参与。Nambisan 和 Baron（2009）在研究时指出，社交动机、休闲娱乐动机等影响社群成员持续参与社群活动的意愿与行为。Park 和 Chon（2011）在研究俱乐部活动时指出，人们的社会动机促进了其参与或互动行为。Alt（2018）在研究社交媒体中证实知识获得动机对社交媒体参与有显著正相关作用。刘珺（2018）在研究旅游虚拟社区成员参与动机与旅游决策行为的关系指出，旅游虚拟社区成员的社会交往动机、归属动机和娱乐动机对成员参与有显著正相关作用。Chen 等（2020）在探讨消费者参与价值协同创造的动机时证实，消费者的社会动机对其成员参与或互动行为有显著的正向影响。赵瑜（2021）在研究 B 站互动视频时指出，探索动机促进了人们积极的互动。综合以上分析，本章认为，参观博物馆的社会交往动机、探索与教育动机及放松与逃避动机可能会对参观期间的参与行为和互动行为产生影响。因此，提出以下假设：

H5a：社会交往动机对参与有正向影响。

H5b：探索与教育动机对参与有正向影响。

H5c：放松与逃避动机对参与有正向影响。

H6a：社会交往动机对互动有正向影响。

H6b：探索与教育动机对互动有正向影响。

H6c：放松与逃避动机对互动有正向影响。

第三节　参观者参与、互动和体验价值的关系

Falk 和 Dierking（2000）在研究中指出，游客的参与和互动是博物馆产生体验的重要行为，参与和互动也是博物馆体验价值共创的核心环节，博物馆鼓励游客成为积极的参与者，并在参观期间尽可能地进行互动。关于参与和

互动对体验的具体影响，营销和旅游领域的文献都作了详细的阐述。在营销领域，Rodie 和 Kleine（2000）在研究服务业中的顾客参与指出，顾客通过参与获得了享乐和自我成就感并带来心理层面的美好体验。王新新和万文海（2012）在探索消费领域共创价值的机理及对品牌忠诚的作用时指出，顾客与员工、顾客与产品以及顾客与顾客之间的互动都会对顾客体验产生正相关影响。郭国庆和孙乃娟（2012）在研究互动与体验的关系时指出，员工与顾客之间的任务导向型互动、交互导向型互动对顾客体验有显著的正相关影响。马颖杰和杨德锋（2014）在探讨服务中的人际互动对体验价值形成的影响时指出，顾客与员工之间的互动对顾客的功能性体验、情感性体验和社会性体验都有显著影响。毕达天和邱长波（2014）在对电子商务企业中客户互动的研究中证实，和顾客之间的积极互动能给顾客带来愉快的体验，这种体验会促使顾客给予好评并给周围人积极传播。屈小爽（2015）在研究家庭旅游互动行为与体验价值的关系时指出，家庭成员之间的亲情互动、服务互动和社交互动对他们的认知体验、情感体验有影响。沈鹏熠和万德敏（2019）基于服务主导逻辑视角探讨了全渠道零售体验价值共创行为对顾客忠诚的影响，研究指出共创服务互动对认知体验和情感体验有积极影响。

在旅游和博物馆领域，参与式旅游体验正成为新型的文化遗产旅游业态，它可以最大限度地消除游客之间的陌生感，增强游客之间的联系，提升游客的体验（范长征，2017）。Kotler 等（2008）根据博物馆所提供的参与和互动的不同程度来区分展览，带来一种从简单的物品展示到复杂的交互式沉浸体验。Burton 等（2009）在研究中指出，参观者积极参与活动可以增强他们的体验，并促使他们重复参观博物馆。蒋婷和张峰（2013）以参加团队旅游的游客为研究对象，探讨游客间互动对再惠顾意愿的影响时指出，游客间的友好交谈等互动行为对游客体验有显著的正相关作用。匡红云和江若尘（2019）在研究旅游体验价值共创最新进展及管理启示时指出，体验主要是一种个人感受，在旅游情景下，参与和互动对游客的体验尤其重要，游客通过与企业之间的互动，在旅途中与其他游客之间的互动以及和熟人朋友之间的互动获得愉快的旅游体验。Black（2018）在研究中指出，互动式展览和参与式展览带给参观者体验的差异性。上述营销与旅游领域的文献都证实了消费者的参与和互动对体验价值的影响，但参与和互动对具体某类体验价值的影响还需要进一步探索。

原始访谈资料内容反映了参观者参与、互动对审美体验价值、教育体验价值、娱乐体验价值及逃避现实体验价值的影响。例如：①成都博物馆经常会有一些讲座，只要有时间我都会去听，并积极回答主讲人的问题，以解答之前的疑惑并拓展自己的知识，每次参与都能开阔自己的眼界（CD）。朋友带我到三和老爷车博物馆玩耍，我们在现场积极参加工作人员组织的活动，每个人都学到了很多东西（SH）（以上资料反映了参观者的参与对教育体验价值、娱乐体验价值的影响）。②这里的工作人员有一半是志愿者，每次来这里都会和他们积极互动，从他们那里可以获得更多的展览信息，提高参观的效率和质量（JS）。在三和老爷车博物馆参观时，我们一直都在互相交流，以获取更多的信息（SH）（以上资料反映了参观者的互动对各体验价值的影响）。

以上访谈资料指出了参观者的参与和互动对其具体体验价值的影响，已有文献也指出了参与和互动对具体体验价值的影响，例如，Pine 和 Gilmore（1998）根据个人的参与情况把体验分成了四个类型，指出了参与程度与教育体验、娱乐体验、逃避现实体验及审美体验具有相关性。Antón 等（2017）在探索参观者的知识和计划对博物馆体验价值影响时指出，参观者的参与对其逃避现实体验价值、教育体验价值和娱乐体验价值有显著影响，参观者的互动对其教育体验价值有显著影响。王骏川等（2020）在研究节庆深度参与问题时指出，人们在与表演、音乐的互动中提升了其娱乐体验。杨宇辰（2021）在研究泛娱乐主义思潮时指出，人们在接触文化产品过程中的互动促进了其娱乐体验的产生。江宁康和吴晓蓓（2021）在研究多元交换的情景美学时指出，人们与环境的互动促进了其审美体验的提升。综合以上分析，本章认为，参观者的参与、互动可能对其审美体验价值、教育体验价值、娱乐体验价值及逃避现实体验价值会有影响，由此，提出以下假设：

H7a：参与对审美体验价值有正向影响。

H7b：互动对审美体验价值有正向影响。

H8a：参与对教育体验价值有正向影响。

H8b：互动对教育体验价值有正向影响。

H9a：参与对娱乐体验价值有正向影响。

H9b：互动对娱乐体验价值有正向影响。

H10a：参与对逃避现实体验价值有正向影响。

H10b：互动对逃避现实体验价值有正向影响。

第四节　参观者体验价值和内容生成、强化的关系

一般情况下，博物馆体验始于参观前，主要发生在参观过程中，并在参观后继续回忆和反思（Kuflik 等，2015）。当参观博物馆结束后，每个参观者获得的体验并不一样，参观后人们的行为意愿是博物馆关注的重要内容，一些参观者通过购买纪念品、礼物等形式来反馈好的体验感知（Dong 和 Siu，2013）。关于体验对行为意愿（内容生成、强化）的影响，从事营销和旅游等领域的学者通过不同的视角提出了体验感知对购后或旅游后行为意愿的影响（Pullman 和 Gross，2004；Petrick，2004；Um 等，2006）。

关于在营销领域中体验对行为意愿的影响，Mano 和 Oliver（1993）在对消费者体验的维度与结构评价时指出，积极的情感体验对游客未来的行为意愿有促进作用，消极的情感体验对游客未来的行为意愿有抑制作用。Schmitt（1999b）在研究如何让顾客感知、感觉、思考、行动与公司和品牌产生关联时指出，顾客的总体体验感知越好，体验后的行为反应也就越积极。Blackwell 等（2001）在研究中指出，顾客的消费体验强弱对购后行为有重要影响，积极的消费体验会产出正向的口碑传播，反之将影响消费者的重购意愿。Haeckel 等（2003）在如何引导顾客体验的研究中指出，顾客在消费过程中的整体感知可以直接影响产品的口碑以及顾客的再购买意愿。Nisi 等（2018）在研究技术给博物馆带来的改变时指出，参观者获得的混合现实娱乐体验增加了与当地人互动的兴趣，并积累了更多关于该地区的知识，使他们在体验之后更愿意给周围人分享这些知识。

关于在旅游与博物馆领域中体验对行为意愿的影响，Beeho 和 Prentice（1997）以某遗产村为例研究游客遗产旅游体验时指出，如果游客体验感知良好，就会迫不及待地在社交朋友圈分享并给周围的朋友推荐，即游客体验对游客行为意向有正向相关作用。Su 和 Teng（2018）通过从博物馆负面的网络评论中提取服务质量的维度来评价参观后的体验感知，他们指出参观者体验不佳是影响其未来行为意愿的首要因素。以上文献都证实了体验对行为意愿（内容生成、强化）的影响，但具体的某类体验对行为意愿的影响还需要进一

步探索。

原始访谈资料内容反映了参观者审美体验价值、教育体验价值、娱乐体验价值及逃避现实体验价值对内容生成、强化的影响。例如：①成都博物馆的展品非常开阔自己的眼界，我边看边发朋友圈，给好友们推荐一下（CD）。跟随旅游团的讲解员，把整个成都博物馆转了转，虽然了解到很多知识，但总觉得是走马观花，不能在自己喜欢的展品面前多看看，以后建议大家还是要自己来参观，不能跟着旅游团来参观博物馆（CD）。孩子在三和老爷车博物馆太痴迷，在每辆展车面前都驻足品味，我希望以后有时间就带孩子来这里参观（SH）（以上资料反映了参观者的体验价值对内容生成的影响）。②每次在天府广场逛，都可以看到成都博物馆美丽的外观，一座建筑本身就是一件艺术品，我的微信头像有段时间就是成都博物馆；走进富丽堂皇的成都博物馆，仿佛走进一座宫殿，令人目不暇接的展品让参观者大饱眼福，为了长久地留住这些美图，馆厅里都是拍照声（CD）（以上资料反映了参观者的体验对强化的影响）。

以上访谈资料指出了参观者的具体体验价值对参观后内容生成和强化的影响，已有文献也指出了具体体验价值对内容生成和强化的影响，例如，Antón 等（2017）在研究中指出，参观者的教育体验价值和逃避现实体验价值分别对内容生成和强化有影响。邵雪梅等（2021）在探索休闲涉入与体验质量的中介效应时指出，消费者的体验感知（审美、教育、娱乐及逃避现实）对其未来的重访意愿、口碑传播等行为意愿都有促进作用。综合以上分析，本章认为参观者的审美体验价值、教育体验价值、娱乐体验价值及逃避现实体验价值可能会对内容生成和强化产生影响。因此，提出以下假设：

H11a：审美体验价值对强化有正向影响。

H11b：教育体验价值对强化有正向影响。

H11c：娱乐体验价值对强化有正向影响。

H11d：逃避现实体验价值对强化有正向影响。

H12a：审美体验价值对内容生成有正向影响。

H12b：教育体验价值对内容生成有正向影响。

H12c：娱乐体验价值对内容生成有正向影响。

H12d：逃避现实体验价值对内容生成有正向影响。

第五节　参观者参与和互动的中介作用

许多学者的研究结果表明，游客的体验与游客的动机、参与及互动紧密相关，动机影响游客的参与程度，游客的参与和互动提升了体验（Bilgihan等，2015；Burton等，2009；Vega-Vazquez，2013）。大多数参观者到博物馆参观的动机是想获得某种体验，在参观过程中，他们可以尽情地放松、学习、聊天、互动、探索，如果他们愿意，还可以参与、贡献甚至合作（Black，2018；Prebensen等，2012）。关于参与、互动、动机和体验之间的关系，一些学者从不同的视角进行了探索，Allan和Altal（2016）在研究博物馆的情感参与中指出，参观者在某种动机下进入博物馆参观，不同动机对参观期间参与、互动和体验可能会有不同的影响，研究揭示访客进入约旦博物馆的主要动机是探索动机，在探索动机下参观者的体验就显现得尤为强烈。黄晓治等（2018）从集体参与的视角探索了参与强度和顾客体验间的调节机制，她认为，顾客希望以花费最少的时间和精力参与价值共创，只有这样，他们才认为从企业所得的利益是公平的，他们在参与中才能获得更多愉快的体验。以上文献都提到了参与和互动对体验价值的重要影响，动机也是体验价值的重要前因，关于参与、互动在动机和体验之间的影响机制还需要进一步探索。

原始访谈资料内容反映了参观者动机与其参与和互动行为共同对体验价值的影响。例如，每次博物馆举办大型展览我都会尽力参加，不仅可以参加他们组织的活动，还可以与现场工作人员或专家的互动来开阔自己的视野和眼界并提升自己的知识面（CD）。周末和朋友一起逛完锦里，商量一起到武侯祠看看，我们在现场积极参加了工作人员组织的一个活动，我们过得很愉快，消除了之前的一些烦恼（WH）。每次走进三和老爷车博物馆，都会积极参与博物馆组织的活动，并在工作人员的指引下与其他人一起互动，每次大家的体验都非常好（SH）。这里的工作人员非常热情和专业，每次来这里都会和他们积极互动，从他们那里可以获得更多的展览信息，提高了参观的效率和质量（JC）。工作日人比较少，在工作人员引导下参加了一些互动项目，大家都很有收获（XL）。同时又在工作人员组织下，与其他观众组成了一个小团队，虽然大家之前都不认识，但大家在互动中玩得很开心；我每次在博物馆都喜欢利用智能设备，我认为一样玩得开心，也能学到很多知识（JS）（以上资料反映了参观者的动机和其参与或互动行为共同对其体验价值产生影响）。综合以上文献和访谈资料分析结果，本章认为怀有某类动机的参观者可能和其参与、互动行为共同影响其体验价值。由此，提出以下假设：

H13：参观者参与、互动在动机和体验价值之间发挥双重中介效应，即参观者动机通过参与和互动行为进而增强参观者的各体验价值。

第六节　参观者知识的调节作用

当参观者以某种动机参与企业的共创活动时，在获得体验以及后续的行为意愿中，往往会受到顾客信息处理能力的影响，而顾客的知识背景是其信息处理能力中的关键因素（Jing 和 Wyer，2010；Lan 和 Toubia，2015）。许多学者的研究表明，具有不同知识背景的个体在信息处理方面的作用显著不同（Chuang 等，2010；Cui 和 Wu，2016）。在最终消费决策前，具有不同知识背景的顾客面对不同的信息会具有不同的反应，具有较高专业知识的顾客更倾向于从外界获取信息进行精准判断，而具有一般专业知识或缺乏相关专业知识的顾客往往倾向于通过表面的信息进行决策（Mourali 等，2010）。此外，顾客通过参与新产品开发的相关活动，加深了顾客对产品和企业的认知，使顾客更加期待未来的共创活动，在共创的产品融入顾客的知识和技能后，又使顾客对品牌更加忠诚并提升了顾客的行为体验和情感体验（李朝辉，2013；申光龙等，2016）。在旅游与博物馆领域，参观者之前获得的知识、兴趣、技能、信念、态度和经历将会影响他们在博物馆的互动和体验（Falk 和 Dierking，2000；Hein 和 Alexander，1998）。Gursoy（2003）在研究游客知识与体验感知的关系时指出，具有更多知识的游客可以更深入地理解旅游的相关信息，从而能更好地进行旅游路径方面的预期和决策，而缺少相关知识的游客更容易形成过高的预期，最终做出非理性的旅游决策。Caru 和 Cova（2003）在研究消费者的沉浸体验时指出，经常参观博物馆或展览的人积累了丰富的知识，这些会使他们更加有目的地参与并获得更好的体验价值。Teichmann

（2016）通过研究奥地利某旅游景点的游客指出，经常外出旅游的游客积累了丰富的旅游知识，这些旅游知识使他们能更有目的地规划并带来更为丰富的旅游体验感知。Antón 等（2017）在探索参观前访客的知识背景与体验价值的关系时指出，参观者的知识对其各体验价值都有正向的促进作用。以上文献指出了顾客的知识对体验价值的重要影响，但关于参观者知识在动机和体验价值之间的影响机制还需要进一步探索。

原始访谈资料内容反映了参观者知识提升了参观者动机对体验价值的影响。例如，自己从小就对艺术感兴趣，每次都是有明确的目的去参加一些喜欢的展览，博物馆的展品非常开阔自己的眼界，看到自己喜欢的展览非常开心（XL）。男孩从小就对车感兴趣，对车的知识储备很多，当听说有自己喜欢的车型出展时，孩子就会嚷着去三和老爷车博物馆，他常常在自己喜欢的车面前驻足品味，叫他好几次都叫不走（SH）。根据自己之前了解的历史知识，走进建川博物馆的一个个展馆，那种感觉是非常充实的（JC）。我们家经常会去参加一些文化娱乐活动，主要想提升下全家的文化品位，今天参观杜甫草堂博物馆感觉非常好，在这里能体会到更多的诗书气息（DF）。我平时比较喜欢参加各种文化活动，因为成都博物馆免费，所以来的频率也比较高，无论是这里的建筑还是展览，每次的感觉都非常好（CD）（以上资料反映了参观者的知识在动机对体验价值影响中的重要作用）。综合以上分析，本章认为，参观者的理论知识和经验知识在参观者动机和体验价值之间可能会有调节作用。参观者知识测量借鉴 Antón 等（2017）研究中的描述，并根据访谈资料进一步归纳为参观者的理论知识和经验知识，参观者的理论知识一般是指参观者对历史、文化和科技的爱好和兴趣，参观者的经验知识一般是经常参加展览和文化目的地所积累的知识。因此，提出以下假设：

H14a：参观者的经验知识正向调节动机对体验价值的作用。

H14b：参观者的理论知识正向调节动机对体验价值的作用。

第七节　概念模型构建

根据以上提出的研究假设，本节构建了参观者动机视角下博物馆体验价值的概念模型（见图4-1）。其中参观者的探索与教育动机、社会交往动机、放松与逃避动机是体验价值的前因，参观者的参与和互动是体验价值共创的核心要素，参观者的内容生成和强化是体验价值的主要结果，参观者的理论知识和经验知识是动机对体验价值影响的边界条件。

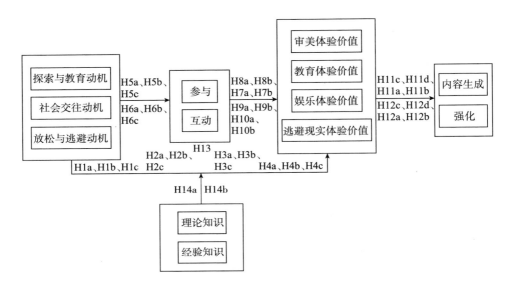

图4-1　参观者动机视角下博物馆体验价值的概念模型

第五章　参观者体验价值的研究设计

为进一步探究参观者动机视角下博物馆体验价值的影响因素与内在作用机制，在文献综述、初始命题提出和理论模型构建的基础上，下一步将使用定量方法对提出的研究假设和理论模型进行验证。本章将以发放问卷的方式收集博物馆参观者的样本数据，主要在问卷设计、变量测量和数据收集处理等方面做详细阐述，为第六章的实证检验做好准备。

第一节　问卷设计

社会科学领域的问题研究经常要用到问卷调查法，科学的问卷设计是量表信度和效度的重要保障。为确保问卷设计的科学性和规范性，本章从问卷调查对象、问卷设计过程和问卷基本内容三个方面进行阐述。

一、问卷调查对象

基于参观者动机视角探索博物馆体验价值的影响因素与作用机理，主要调查对象是博物馆的线下参观者，鉴于参观者体验和行为在很大程度上取决于所参观的展览类型，因此选择成都博物馆、许燎源现代设计艺术博物馆、成都三和老爷车博物馆、建川博物馆、金沙遗址博物馆、武侯祠博物馆以及杜甫草堂博物馆这 7 家不同类型的博物馆作为调研地。目的是确保被调查参观者的体验和行为的范围尽可能广泛，并确保样本的多样性。数据收集方式采取发放纸质问卷与电子扫描问卷二维码两种方式，在工作人员的协助下，对参观结束后的参观者进行问卷调查以获取研究的样本数据。

二、问卷设计过程

本章的数据通过发放调查问卷获得，为确保样本数据的有效性与客观性，将主要通过三个步骤来完成调查的设计：一是对已有文献进行系统梳理，采用以往文献研究中的成熟量表并查阅国内文献的使用情况，以判断该量表是否适用于中国情景下的问题研究。同时与具有旅游管理、文化产业、企业管理等专业背景的国内外学者合作，对英文量表与相对应的中文量表进行翻译比对，同时结合访谈资料和邀请文创领域的多位专家对量表进行讨论和建议，最后确定为研究所需的适用量表（Brislin，1970）。二是对许燎源现代设计艺术博物馆、建川博物馆、三和老爷车博物馆的 3 名管理人员及 5 名参观者就问卷所涉及题项进行访谈，通过反复交流，修改个别题项中含义不清晰或过于学术化的表达，并调整题项的顺序，形成初始调查问卷。三是通过小样本测试，测试数据的有效性与科学性，通过最后的修改完善形成正式调查问卷，为开展大规模调查做好准备。

三、问卷基本内容

主要有参观者动机、参与、互动、体验价值、内容生成、强化、知识等主要变量，采用修订完善的测量量表，根据标准的编制问卷方法形成初始调查问卷，通过小范围测试后进行数据处理并完成修订完善，最后形成正式的调查问卷。问卷主体设计分为两大板块：一是采用五级的李克特量表进行答题设计，分别以 1~5 分值代表参观者对问卷测试题目的态度：5 分表示"非常同意"、4 分表示"比较同意"、3 分表示"同意"、2 分表示"比较不同意"、1 分表示"非常不同意"。二是参观者的基本信息，主要是调查受访者的年龄、性别、婚姻状况、职业、受教育程度和收入情况，以及最近一年参观博物馆的频率、参观博物馆时的人员构成情况及参观博物馆的类型。

具体问卷构成情况分为两部分：第一部分是问卷填写说明，主要对研究的目的进行描述，告知问卷填写者须年满 18 周岁，所收集问卷数据仅供科学研究使用，问题答案无对错之分且匿名填写。第二部分是问卷的主体部分：

一是参观者到访博物馆参观的一些基本情况，具体包括最近一年参观博物馆的次数，参观者的来源，参观博物馆人员的构成以及参观博物馆的类别；二是对参观者动机的度量；三是对参观期间参与和互动行为的度量；四是对参观者体验价值的度量；五是对参观后内容生成和强化的度量；六是对参观者知识背景的度量；七是参观者的个人信息，具体包括性别、年龄、婚姻状况、学历、职业、平均月收入。

第二节　变量测量

本章所涉及的主要变量包括参观者动机、参与、互动、体验价值、内容生成、强化、参观者知识，在已有文献量表基础上经过修订完善形成测量本研究变量的量表。

一、参观者动机量表

结合文献梳理和访谈资料，把参观者动机分为探索与教育动机、社会交往动机及放松与逃避动机：探索与教育动机一般是指参观者出于好奇心走进博物馆，或者是因为想学习知识、提高见识、拓宽视野等到访博物馆。社会交往动机一般是指参观者陪伴家人，或陪伴朋友一起到博物馆参观，或者期待在博物馆认识一些志同道合的朋友。放松与逃避动机一般是指参观者为了休息和休闲到处逛博物馆或为了摆脱日常工作生活的烦杂和压力来到博物馆进行放松。根据 Allan 和 Altal（2016）、England（2003）、Medić 等（2015）等相关文献，并结合访谈信息和专家意见进行修订完善，最终参观者动机量表共有 9 个题项，具体如表 5-1 所示。

表 5-1　参观者动机量表

题项	语句表述	具体类型
B1	我去博物馆主要是为了能遇到一些志趣相投的朋友	社会交往动机
B2	我去博物馆主要是为了陪伴家人共度休闲时光	

题项	语句表述	具体类型
B5	我去博物馆主要是为了和朋友一起共度时光	社会交往动机
B3	我去博物馆主要是出于好奇心，也想更好了解和欣赏这一地区	探索与教育动机
B6	我参观博物馆主要是想提高见识，拓宽视野	
B8	我参观博物馆主要是想学习新的知识	
B4	我去博物馆主要是为了到那里逛逛，休闲观光，打发时间	放松与逃避动机
B7	我参观博物馆主要是为了逃避日常生活的烦琐	
B9	我参观博物馆主要是为了逃避各方面的压力	

二、参与和互动量表

结合文献梳理和访谈资料，参观期间的行为主要分为参与和互动两个类型：参与一般是指参观者主观上的一些愿望，希望参加博物馆组织的各项活动并期望能深入喜欢的展览或活动中。互动一般是指在博物馆工作人员的安排下，参观者与工作人员的互动、与其他参观者之间的互动以及利用智能设备进行的互动，根据 Minkiewicz 等（2014）、Yalowitz 和 Bronnenkant（2009）等相关文献，并结合访谈信息和专家意见进行修订完善，参与和互动量表共有 6 个题项，具体如表 5-2 所示。

表 5-2　参与和互动量表

题项	语句表述	具体类型
C1	当参观博物馆时，我积极参加了博物馆组织的活动	参与
C2	当参观博物馆时，我被鼓励参加博物馆的活动	
C3	当参观博物馆时，我觉得自己更像是一个演员而不是一个观众	
C4	当参观博物馆时，我会在活动中与其他参观者进行互动	互动
C5	当参观博物馆时，我会在活动中与工作人员进行互动	
C6	当参观博物馆时，我喜欢利用智能设备进行互动	

三、参观者体验价值量表

结合文献梳理和访谈资料，把参观者体验价值划分为审美体验价值、教育体验价值、娱乐体验价值及逃避现实体验价值四个类型：审美体验价值是参观者对博物馆的建筑外观、室内的布局装饰以及展品所获得的一种体验感知。教育体验价值一般是指参观获得文化和展品方面的相关知识的一种感知。娱乐体验价值一般是指参观者在参观过程中获得的享受或愉快的一种体验感知。逃避现实体验价值一般是指参观者面对自己喜欢的一些展览或展品，全身心投入而忘记其他事情的一种体验感知。根据 Mathwick 等（2001）、Oh 等（2007）相关文献，并结合访谈信息和专家意见进行修订完善，量表共有 12 个题项，具体如表 5-3 所示。

表 5-3　参观者体验价值量表

题项	语句表述	具体类型
D1	博物馆建筑物的外部设计很有吸引力	审美体验
D2	博物馆展览的设置和布景都很吸引人	
D11	博物馆的内部设计和装饰很吸引人	
D3	博物馆安排的展览很丰富	教育体验
D4	博物馆的一些展品对我很有益处	
D5	去博物馆参观让我学到了一些之前不知道的知识	
D6	博物馆布置的展览很有趣味性	娱乐体验
D7	这里有我比较喜欢的展品	
D12	博物馆参观过程是令人享受和愉快的	
D8	我会完全沉浸在喜欢的展览中	逃避现实体验
D9	博物馆展览的某项活动或展览会带给我一种超越现实的感觉	
D10	博物馆展览的某些展品会让我感到很兴奋	

四、内容生成和强化量表

结合文献梳理和访谈资料，把参观后的行为意愿分为内容生成和强化两种：内容生成一般是指参观者对参观体验在社交媒体上的分享或者根据自己的体验感知对博物馆提出的一些建议。强化一般是指参观结束后参观者期待参加博物馆下次的活动并在社交网络上积极互动交流。根据 Antón 等（2017）、Jaime（2017）等相关文献，并结合访谈信息和专家意见进行修订完善，量表共有 6 个题项，具体如表 5-4 所示。

表 5-4　内容生成和强化量表

题项	语句表述	具体类型
G1	当参观完博物馆后，我很愿意参加未来博物馆的活动	
G2	当参观完博物馆后，我会在网上寻找更多关于博物馆的信息	强化
G3	当参观完博物馆后，我会在社交网络上与网友讨论	
G4	我会在社交媒体上分享我参观博物馆的经历	
G5	如果有机会，我会向博物馆提出一些建议	内容生成
G6	如果有机会，我会在社交媒体上发表对博物馆的一些看法	

五、参观者知识量表

参观者知识一般是指参观者所具有的文化方面的知识储备，结合文献梳理和对参观者的深度访谈，把参观者知识分为理论知识和经验知识两个类型：理论知识一般是指参观者具有丰富的艺术/历史/科学知识或者对艺术/历史/科学感兴趣。经验知识一般是指参观者经常参加一些展览或文化活动，或者经常走进博物馆所积累的相关知识。根据 Antón 等（2017）文献，并结合访谈信息和专家意见进行修订完善，量表共有 6 个题项，具体如表 5-5 所示。

表 5-5　参观者知识量表

题项	语句表述	具体类型
H1	我经常参加一些文化活动	
H3	我经常去博物馆参观，也经常参加一些展览	经验知识
H5	我经常参加一些文旅活动	
H2	我对学习艺术/历史/科学有浓厚的兴趣	
H4	我在艺术/历史/科学方面知道的比较多	理论知识
H6	我比较喜欢艺术/历史/科学（全部或部分）	

第三节　问卷的小样本测试

为了确保研究数据的科学性与有效性,本节在开展大样本调查之前,对调查问卷进行小样本测试。小样本测试主要是通过对量表的效度和信度检验以验证问卷的科学性(吴明隆,2010)。效度是测量结果可靠性与准确性的反映,描述测量结果与变量之间的相似程度,反映量表能在多大程度上契合变量的理论与内涵。效度一般有三种,分别是内容效度(Content Validity)、校标关联效度(Criterion-related Validity)及建构效度(Constructive Validity),其中内容效度又称表面效度(Face Validity)、逻辑效度(Logical Validity),校标关联效度又称适用效度(Pragmatic Validity),建构效度又分为收敛效度与区别效度。因测量方面的困难,一般只选取内容效度和建构效度来进行说明(荣泰生,2010)。其中内容效度一般是指该测量工具是否涵盖了它所要测量的某一个构念的所有项目(层面),一般而言,如果测量工具涵盖了它所测量的某一构念的代表性项目(层面),则此测量工具基本上可认为是具有内容效度的。由于本章所涉及的量表都是相关文献中的成熟量表,并经过本领域的学者多次讨论修订,所以本身具有很好的内容效度,符合研究的需要。

本章主要进行建构效度的分析,建构效度是指量表有效测量理论内涵与概念的程度,在数据的统计分析中一般要用建构效度检验量表的准确性与可靠性。在小样本测试中,主要是对样本数据进行探索性因子分析(Exploratory Factor Analysis),通过量表的 KMO 和 Bartlett 球形检验判断数据是否适合做下一步分析,一般比较变量间简单相关和偏相关的大小(在 0~1),通常认为 KMO 大于 0.9 效果最好,0.7 以上效果基本符合要求,小于 0.6 效果不好,如果低于 0.5 则需要重新检验量表题项的可靠性。Bartlett 球形检验是检验相关矩阵是否为单位阵,也就是各变量是否独立,一般认为 Bartlett 球形检验统计量的值较大且对应的概率值小于设定的显著性水平时,拒绝原假设,即表示变量间是有相关性的,适合做探索性因子分析。通过主成分分析和旋转后的成分矩阵验证因子的聚合情况,一般是按照特征根大于 1 的标准提取公因子,利用最大方差法进行旋转得出因子载荷,公因子累计方差贡献率大于 60% 较

73

为符合要求，临界值一般是 50%。对因子载荷的一般要求是，只有当同一变量下各题项的因子载荷系数大于 0.5 时才能将其合并为一个公因子，如果因子载荷低于 0.5，该题项需要删除。如果存在两个及以上的因子载荷均高于 0.5，则说明存在交叉载荷，也需要删除，以提高因子的区分效度（Hair 等，1995）。

信度是测量结果的一致性或稳定性，也就是研究中对相同的或相似的现象或群体进行不同的测量（在不同的形式或不同的时间内），其所得的结果一致的程度。任何测量的观测值包括实际值与误差值两部分，而信度越高表示其误差值越低，如此所得的观测值就不会因为形式或时间的改变而变动。本章主要根据两个指标来判断量表的信度：一是利用 Cronbach's α 系数，用于检验量表整体的内部一致性，一般认为 Cronbach's α 值 > 0.70，属于高信度，0.35 ≤ Cronbach's α 值 ≤ 0.70 时，属于可以接受，如果 Cronbach's α 值 < 0.35 则认为量表不可接受。此外，如果删除某个题项后 Cronbach's α 系数值明显升高，则应该删除该题项。二是利用题项校正的项总计相关性（Correted Item-Total Correlation，CITC）值判断内部一致性的问题，一般认为该指标 > 0.35 即可满足要求，如果 < 0.35，则应删除该题项，最终确保问卷符合要求（Hair 等，2010；李怀祖，2017）。

小样本测试于 2018 年 7 月底至 2018 年 9 月底进行，采用发放纸质问卷或微信扫码相结合的方式对参观者进行随机抽样，地点在许燎源现代艺术设计博物馆、建川博物馆、三和老爷车博物馆、成都博物馆，分别以这些博物馆的参观者为预调研对象，发放纸质问卷或微信扫码问卷共 200 份，回收 168 份，去掉未按要求作答的无效问卷，有效调查问卷共 129 份，有效问卷的回收率为 76.79%，符合小样本测试研究的要求。

一、小样本描述性统计

小样本的描述性统计如表 5-6 所示。

表 5-6　小样本的描述性统计（N=129）

变量	分类	人数	百分比（%）
性别	男	36	27.91
	女	93	72.09

续表

变量	分类	人数	百分比（%）
婚姻	未婚	53	41.09
	已婚	76	58.91
年龄	25 岁及以下	18	13.95
	26~35 岁	57	44.19
	36~45 岁	49	37.98
	46~55 岁	5	3.88
学历	高中及以下	12	9.30
	本科和专科	85	65.89
	硕士及以上	32	24.81
平均月收入	5000 元及以下	18	13.95
	5001~8000 元	49	37.98
	8001~10000 元	40	31.00
	10001 元以上	22	17.05
参观者来源	本地人	85	65.89
	外地人	44	34.10
参观次数	1 次及以下	49	37.98
	2~3 次	68	52.71
	4 次以上	12	9.30
参观人员构成	独自	13	10.08
	和朋友一起	39	30.23
	和家人一起	59	45.74
	跟随旅游团	18	13.95
博物馆类别	艺术类	32	24.80
	历史类	31	16.28
	综合类	49	37.98
	其他类	17	13.18
职业	学生	21	16.28
	国有单位人员	57	44.19
	民营企业人员	31	24.03
	其他人员	20	15.50

二、问卷分析与修订

1. 参观者动机的小样本测试

参观者动机量表因子分析的可行性检验——KMO 和 Bartlett 球形检验结果如表 5-7 所示。

表 5-7　参观者动机量表的 KMO 和 Bartlett 球形检验结果

KMO 值		0.744
Bartlett 的球形度检验	近似卡方	1254.485
	df	66
	Sig.	0.000

由表 5-7 可以看出，参观者动机量表的 KMO 值为 0.744，大于一般的最低标准 0.7，Bartlett 球形检验结果的近似卡方值为 1254.485，自由度为 66，显著性水平小于 0.001，适合进行下一步的因子分析。

之后对参观者动机量表进行探索性因子分析，采用主成分分析方法提取公因子，提取标准是特征根大于 1，选择最大变异法进行直交转轴，提取主成分的情况如表 5-8 所示。

表 5-8　参观者动机总变异量

成分	初始特征值			提取平方和载入			旋转平方和载入		
	合计	方差的%	累计%	合计	方差的%	累计%	合计	方差的%	累计%
1	3.155	35.051	35.051	3.155	35.051	35.051	2.938	32.645	32.645
2	2.947	32.749	67.800	2.947	32.749	67.800	2.630	29.221	61.866
3	1.777	19.746	87.546	1.777	19.746	87.546	2.311	25.680	87.546
4	0.469	5.213	92.759						
5	0.252	2.800	95.559						
6	0.215	2.385	97.944						

续表

成分	初始特征值			提取平方和载入			旋转平方和载入		
	合计	方差的%	累计%	合计	方差的%	累计%	合计	方差的%	累计%
7	0.115	1.282	99.226						
8	0.044	0.488	99.714						
9	0.026	0.286	100.000						

由表5-8可以看出，通过提取特征根值大于1的因子，共提取到3个共同因子，初始特征值分别为3.155、2.947、1.777，累计方差解释率为87.546%（大于50%），表明萃取后保留的3个因子具有很好的代表性。之后用最大方差变异法对公因子正交旋转，所得结果如表5-9所示。

表5-9　参观者动机量表的探索性因子分析结果

题项	成分		
	因子1	因子2	因子3
B7	0.991	−0.012	0.007
B4	0.988	−0.010	0.014
B9	0.984	−0.043	0.036
B8	−0.009	0.948	0.142
B3	0.024	0.914	0.100
B6	−0.079	0.912	0.124
B2	−0.042	0.175	0.910
B1	0.060	0.174	0.855
B5	0.031	0.014	0.840

旋转后的成分矩阵如表5-9所示，B7、B4、B9三个题项都负载于因子1，因子载荷值分别为0.991、0.988、0.984，都高于0.5的最低水平；B8、B3、B6三个题项都负载于因子2，因子载荷值分别为0.948、0.914、0.912，都高于0.5的最低水平。B2、B1、B5三个题项都载荷于因子3，因子载荷值分别为0.910、0.855、0.840，都高于0.5的最低水平。提取的三个主要因子分别

命名为放松与逃避动机、探索与教育动机、社会交往动机，所代表的测试项目和理论假设吻合，探索性因子分析结果显示参观者动机量表具有较好的效度。参观者动机量表 CITC 和信度分析结果如表 5-10 所示。

表 5-10　参观者动机量表的信度分析结果

类别	题项	CITC	删除项后的 Cronbach's α	Cronbach's α
社会交往动机	B5	0.629	0.844	0.850
	B1	0.708	0.796	
	B2	0.810	0.699	
探索与教育动机	B3	0.821	0.916	0.926
	B6	0.830	0.909	
	B8	0.898	0.853	
放松与逃避动机	B4	0.973	0.981	0.988
	B7	0.979	0.977	
	B9	0.967	0.985	

由表 5-10 可以看出，社会交往动机、探索与教育动机及放松与逃避动机各量表的 Cronbach's α 系数分别为 0.850、0.926 及 0.988，均大于 0.7，其中各题项校正的项总计相关性（CITC）值分别为 0.629~0.979，均大于 0.35 的临界值，删除任一题项后的 Cronbach's α 系数都小于原分量表的 Cronbach's α 系数，各项指标都说明参观者动机各量表有很好的信度以及这些题项均具有较高的内部一致性。

2. 参观者参与和互动的小样本测试

参与和互动量表因子分析的可行性检验——KMO 和 Bartlett 球形检验结果如表 5-11 所示。

表 5-11　参与和互动量表的 KMO 和 Bartlett 球形检验结果

KMO 值		0.727
Bartlett 的球形度检验	近似卡方	642.037
	df	28
	Sig.	0.000

由表 5-11 可以看出，参与和互动量表的 KMO 值为 0.727，大于一般的最低标准 0.7，Bartlett 球形检验结果的近似卡方值为 642.037，自由度为 28，显著性水平小于 0.001，适合进行下一步的分析。

之后对参与和互动量表进行探索性因子分析，采用主成分分析法提取公因子，提取标准是特征根大于 1，选择最大变异法进行直交转轴，提取主成分的情况如表 5-12 所示。

表 5-12 参与和互动总变异量

成分	初始特征值			提取平方和载入			旋转平方和载入		
	合计	方差的%	累计%	合计	方差的%	累计%	合计	方差的%	累计%
1	2.861	47.686	47.686	2.861	47.686	47.686	2.646	44.104	44.104
2	2.354	39.229	86.915	2.354	39.229	86.915	2.569	42.812	86.915
3	0.287	4.778	91.694						
4	0.256	4.271	95.965						
5	0.148	2.468	98.433						
6	0.094	1.567	100.000						

由表 5-12 可以看出，通过提取特征根值大于 1 的因子，共萃取到 2 个共同因子，初始特征值分别为 2.861 和 2.354，累计方差解释率为 86.915%（大于 50%），表明提取后保留的 2 个因子具有很好的代表性。之后用最大方差变异法对公因子正交旋转，所得结果如表 5-13 所示。

表 5-13 参与和互动量表的探索性因子分析结果

题项	成分	
	因子 1	因子 2
C4	0.965	0.052
C5	0.936	0.068
C6	0.913	0.016
C1	0.059	0.948
C2	0.035	0.917
C3	0.039	0.907

旋转后的成分矩阵如表 5-13 显示，C4、C5、C6 三个题项都负载于因子 1，因子载荷值分别为 0.965、0.936、0.913，都高于 0.5 的最低水平。C1、C2、C3 三个题项都负载于因子 2，因子载荷值分别为 0.948、0.917、0.907，都高于 0.5 的最低水平。提取的 2 个主要因子分别命名为互动和参与，所代表的测试项目和理论假设吻合，探索性因子分析结果显示参与和互动量表具有较好的效度。参与和互动量表的 CITC 和信度分析结果如表 5-14 所示。

表 5-14　参与和互动量表的 CITC 和信度分析结果

类别	题项	CITC	删除项后的 Cronbach's α	Cronbach's α
参与	C1	0.881	0.835	0.915
	C2	0.813	0.891	
	C3	0.796	0.906	
互动	C4	0.920	0.854	0.933
	C5	0.861	0.904	
	C6	0.810	0.932	

由表 5-14 可以看出，参与和互动量表的 Cronbach's α 系数分别为 0.915 和 0.933，均大于 0.7，其中各题项校正的项总计相关性（CITC）值分别为 0.796~0.920，均大于 0.35 的临界值，删除任一题项后的 Cronbach's α 系数都小于原分量表的 Cronbach's α 系数，各项指标都说明参观者参与和互动量表有很好的信度以及这些题项均具有较高的内部一致性。

3. 参观者体验价值的小样本测试

参观者体验价值量表因子分析的可行性检验——KMO 和 Bartlett 球形检验结果如表 5-15 所示。

表 5-15　参观者体验价值量表的 KMO 和 Bartlett 球形检验结果

KMO 值		0.729
Bartlett 的球形度检验	近似卡方	1090.698
	df	91
	Sig.	0.000

由表 5-15 可以看出，参观者体验价值量表的 KMO 值为 0.729，大于一般的最低标准 0.7，Bartlett 球形检验结果的近似卡方值为 1090.698，自由度为 91，显著性水平小于 0.001，适合进行下一步的分析。

之后对参观者体验价值量表进行探索性因子分析，采用主成分分析法提取公因子，提取标准是特征根大于 1，选择最大变异法进行直交转轴，提取主成分的情况如表 5-16 所示。

表 5-16　参观者体验价值总变异量

成分	初始特征值			提取平方和载入			旋转平方和载入		
	合计	方差的%	累计%	合计	方差的%	累计%	合计	方差的%	累计%
1	3.727	31.057	31.057	3.727	31.057	31.057	2.870	23.921	23.921
2	2.717	22.640	53.697	2.717	22.640	53.697	2.325	19.373	43.294
3	1.726	14.380	68.077	1.726	14.380	68.077	2.219	18.492	61.786
4	1.384	11.535	79.613	1.384	11.535	79.613	2.139	17.826	79.613
5	0.594	4.948	84.561						
6	0.462	3.850	88.410						
7	0.414	3.453	91.863						
8	0.344	2.870	94.734						
9	0.274	2.280	97.014						
10	0.223	1.858	98.872						
11	0.103	0.862	99.734						
12	0.032	0.266	100.000						

由表 5-16 可以看出，通过提取特征根值大于 1 的因子，共提取到 4 个共同因子，初始特征值分别为 3.727、2.717、1.726、1.384，累计方差解释率为 79.613%（大于 50%），表明萃取后保留的 4 个因子具有很好的代表性。之后用最大方差变异法对公因子正交旋转，所得结果如表 5-17 所示。

表 5-17　参观者体验价值量表的探索性因子分析

题项	成分			
	因子 1	因子 2	因子 3	因子 4
D4	0.976	0.081	0.076	0.076

题项	成分			
	因子 1	因子 2	因子 3	因子 4
D3	0.973	0.020	0.018	0.077
D5	0.953	−0.084	0.083	0.078
D8	−0.087	0.866	0.172	0.026
D10	0.086	0.843	0.140	0.147
D9	0.016	0.833	0.163	0.095
D6	0.082	0.037	0.874	0.176
D7	0.134	0.257	0.818	−0.058
D12	−0.040	0.238	0.810	0.181
D2	0.090	0.005	0.135	0.848
D1	0.110	0.095	−0.015	0.847
D11	0.008	0.153	0.152	0.766

　　旋转后的成分矩阵如表 5-17 所示，D4、D3、D5 三个题项都负载于因子 1，因子载荷值分别为 0.976、0.973、0.953，都高于 0.5 的最低水平。D8、D10、D9 三个题项都负载于因子 2，因子载荷值分别为 0.866、0.843、0.833，都高于 0.5 的最低水平。D6、D7、D12 三个题项都负载于因子 3，因子载荷值分别为 0.874、0.818、0.810，都高于 0.5 的最低水平。D2、D1、D11 三个题项都负载于因子 4，因子载荷值分别为 0.848、0.847、0.766，都高于 0.5 的最低水平。提取的四个主要因子分别命名为教育体验价值、逃避现实体验价值、娱乐体验价值及审美体验价值，所代表的测试项目和理论假设吻合，探索性因子分析结果显示参观者体验价值量表具有较好的效度。参观者体验价值量表 CITC 和信度分析结果如表 5-18 所示。

表 5-18　参观者体验价值的信度分析

类别	题项	CITC	删除项后的 Cronbach's α	Cronbach's α
审美体验	D1	0.647	0.677	0.783
	D2	0.643	0.683	
	D11	0.575	0.755	

续表

类别	题项	CITC	删除项后的 Cronbach's α	Cronbach's α
教育体验	D3	0.948	0.952	0.972
	D4	0.960	0.943	
	D5	0.910	0.970	
娱乐体验	D6	0.709	0.730	0.825
	D7	0.662	0.780	
	D12	0.676	0.765	
逃避现实体验	D8	0.718	0.757	0.838
	D9	0.678	0.796	
	D10	0.704	0.771	

由表 5-18 可以看出，审美体验价值、教育体验价值、娱乐体验价值及逃避现实体验价值量表的 Cronbach's α 系分别为 0.783、0.972、0.825 及 0.838，均大于 0.7，其中各题项校正的项总计相关性（CITC）值分别为 0.575~0.960，均大于 0.35 的临界值，删除任一题项后的 Cronbach's α 系数都小于原分量表的 Cronbach's α 系数，各项指标都说明参观者体验价值各量表有很好的信度以及这些题项均具有较高的内部一致性。

4. 参观者内容生成和强化的小样本测试

参观者内容生成和强化量表因子分析的可行性检验——KMO 和 Bartlett 球形检验结果如表 5-19 所示。

表 5-19　内容生成和强化量表的 KMO 和 Bartlett 球形检验

KMO 值		0.810
Bartlett 的球形度检验	近似卡方	516.052
	df	28
	Sig.	0.000

由表 5-19 可以看出，内容生成和强化量表的 KMO 值为 0.810，大于一般的最低标准 0.7，Bartlett 球形检验结果的近似卡方值为 516.052，自由度为 28，显著性水平小于 0.001，适合进行下一步的因子分析。

接着对内容生成和强化量表进行探索性因子分析，采用主成分分析法提取公因子，提取标准是特征根大于1，选择最大变异法进行直交转轴，提取主成分的情况如表5-20所示。

表5-20　内容生成和强化总变异量

成分	初始特征值			提取平方和载入			旋转平方和载入		
	合计	方差的%	累计%	合计	方差的%	累计%	合计	方差的%	累计%
1	3.570	59.496	59.496	3.570	59.496	59.496	2.517	41.955	41.955
2	1.422	23.702	83.198	1.422	23.702	83.198	2.475	41.243	83.198
3	0.318	5.295	88.492						
4	0.288	4.792	93.285						
5	0.208	3.468	96.753						
6	0.195	3.247	100.000						

由表5-20可以看出，通过提取特征根值大于1的因子，共萃取到2个共同因子，初始特征值分别为3.570和1.422，累计方差解释率为83.198%（大于50%），表明提取后保留的2个因子具有很好的代表性。之后用最大方差变异法对公因子正交旋转，所得结果如表5-21所示。

表5-21　内容生成和强化量表的探索性因子分析

题项	成分	
	因子1	因子2
G5	0.898	0.217
G6	0.888	0.135
G4	0.880	0.251
G2	0.108	0.927
G1	0.205	0.882
G3	0.306	0.843

旋转后的成分矩阵如表5-21显示，G5、G6、G4三个题项都负载于因子1，因子载荷值分别为0.898、0.888、0.880，都高于0.5的最低水平。G2、

G1、G3 三个题项都负载于因子 2，因子载荷值分别为 0.927、0.882、0.843，都高于 0.5 的最低水平。提取的 2 个主要因子分别命名为内容生成、强化，所代表的测试项目和理论假设吻合，因子分析结果显示参观者强化和内容生成量表具有较好的效度。内容生成和强化量表的 CITC 和信度分析结果如表 5-22 所示。

表 5-22　内容生成和强化量表的信度分析

类别	题项	CITC	删除项后的 Cronbach's α	Cronbach's α
强化	G1	0.782	0.854	0.893
	G2	0.820	0.821	
	G3	0.768	0.868	
内容生成	G4	0.807	0.847	0.897
	G5	0.821	0.831	
	G6	0.767	0.881	

由表 5-22 可以看出，内容生成和强化量表的 Cronbach's α 系数分别为 0.893 和 0.897，均大于 0.7，其中各题项校正的项总计相关性（CITC）值分别为 0.767~0.821，均大于 0.35 的临界值，删除任一题项后的 Cronbach's α 系数都小于原分量表的 Cronbach's α 系数，各项指标都说明内容生成和强化量表有很好的信度以及这些题项均具有较高的内部一致性。

5. 参观者知识的小样本测试

参观者知识量表因子分析的可行性检验——KMO 和 Bartlett 球形检验结果如表 5-23 所示。

表 5-23　参观者知识量表的 KMO 和 Bartlett 球形检验

KMO 值		0.719
Bartlett 的球形度检验	近似卡方	460.714
	df	28
	Sig.	0.000

由表 5-23 可以看出，参观者知识量表的 KMO 值为 0.719，大于一般的最

低标准 0.7，Bartlett 球形检验结果的近似卡方值为 460.714，自由度为 28，显著性水平小于 0.001，适合进行下一步的因子分析。

之后对参观者知识量表进行探索性因子分析，采用主成分分析法提取公因子，提取标准是特征根大于 1，选择最大变异法进行直交转轴，提取主成分的情况如表 5-24 所示。

表 5-24　参观者知识总变异量

成分	初始特征值			提取平方和载入			旋转平方和载入		
	合计	方差的%	累计%	合计	方差的%	累计%	合计	方差的%	累计%
1	2.596	43.270	43.270	2.596	43.270	43.270	2.413	40.225	40.225
2	1.740	29.006	72.276	1.740	29.006	72.276	1.923	32.052	72.276
3	0.657	10.955	83.231						
4	0.421	7.010	90.241						
5	0.323	5.381	95.622						
6	0.263	4.378	100.000						

由表 5-24 可以看出，通过提取特征根值大于 1 的因子，共萃取到 2 个共同因子，初始特征值分别为 2.596 和 1.740，累计方差解释率为 72.276%（大于 50%），表明提取后保留的 2 个因子具有很好的代表性。之后用最大方差变异法对公因子正交旋转，所得结果如表 5-25 所示。

表 5-25　参观者知识量表的探索性因子分析

题项	成分	
	因子 1	因子 2
H1	0.892	0.065
H5	0.880	0.069
H3	0.873	0.081
H6	−0.033	0.872
H2	0.002	0.841
H4	0.284	0.664

旋转后的成分矩阵如表 5-25 显示，H1、H5、H3 三个题项都负载于因子 1，因子载荷值分别为 0.892、0.880、0.873，都高于 0.5 的最低水平。H6、H2、H4 三个题项都负载于因子 2，因子载荷值分别为 0.872、0.841、0.664，都高于 0.5 的最低水平。提取的 2 个主要因子分别命名为经验知识和理论知识，所代表的测试项目和理论假设吻合，因子分析结果显示参观者经验知识和理论知识量表具有较好的效度。参观者知识量表 CITC 和信度分析结果如表 5-26 所示。

表 5-26　参观者知识量表的信度分析

类别	题项	CITC	删除项后的 Cronbach's α	Cronbach's α
经验知识	H1	0.766	0.787	0.864
	H3	0.741	0.814	
	H5	0.725	0.825	
理论知识	H4	0.576	0.584	0.719
	H5	0.502	0.706	
	H6	0.622	0.522	

由表 5-26 可以看出，经验知识和理论知识量表的 Cronbach's α 系数分别为 0.864 和 0.719，均大于 0.7，其中各题项校正的项总计相关性（CITC）值分别为 0.502~0.766，均大于 0.35 的临界值，删除任一题项后的 Cronbach's α 系数都小于原分量表的 Cronbach's α 系数，各项指标都说明参观者知识量表有很好的信度以及这些题项均具有较高的内部一致性。

第四节　正式调查问卷样本选择与数据收集

正式调查主要通过两种方式进行问卷的收集：一是委托博物馆工作人员进行问卷的发放和收集，二是研究小组通过实地调研进行问卷的发放和收集，问卷收取的形式采取纸质问卷和扫码问卷二维码相结合的方式。通过正式调查获得研究需要的有效数据，并对获得的数据进行描述性统计分析，初步了解所收集数据的基本情况、总体特征以及离散趋势，为后续统计分析做好准备。

一、正式调查问卷样本选择

正式问卷调查的样本数量和质量将极大影响研究的统计结论，针对所研究的具体问题，通过以下方法进行正式问卷调查的样本选择。

调查样本集中在四川省成都市的 7 家博物馆，调查的样本都是刚刚参观过博物馆的人群，调查问卷涉及一些专业性的学术概念，都在问卷中进行了解释。在调查过程中强调所有收集的数据仅用于学术研究，从而尽可能地提高所收集数据的真实性。

二、正式调查问卷数据收集

在博物馆相关工作人员的帮助下，分别到访这 7 家博物馆并发放了正式调查的纸质问卷或电子问卷二维码，对博物馆的参观者进行了随机抽样，正式调查于 2018 年 11 月开始，2019 年 11 月底结束。电子问卷填写完成后可以抽奖，纸质问卷填完后有小礼品相送，最终回收问卷 750 份（见表 5-27），经过对回收问卷的检查核对，共获得有效问卷 549 份，问卷回收率 73.20%，符合研究的要求（Bentler 和 Chou，1987）。

表 5-27　问卷发放与回收情况

调研目的地	发放问卷	回收问卷	有效问卷	有效问卷比（%）
许燎源现代设计艺术博物馆	120	113	91	80.53
三和老爷车博物馆	120	114	79	69.30
建川博物馆	120	111	84	75.68
成都博物馆	120	119	86	72.27
武侯祠博物馆	100	98	70	71.43
金沙遗址博物馆	100	98	75	76.53
杜甫草堂博物馆	100	97	74	76.29
合计	780	750	549	73.20

三、正式调查问卷受访者基本信息分析

参与调查的 549 份样本的描述性统计如表 5-28 所示。

表 5-28　样本的描述性统计

变量	分类	人数	百分比（%）	变量	分类	人数	百分比（%）
性别	男	208	37.89	参观人员构成	独自	57	10.38
	女	341	62.11		和朋友一起	188	34.24
婚姻	未婚	236	42.99		和家人一起	191	34.79
	已婚	313	57.01		跟随旅行团	113	20.59
年龄	25 岁及以下	115	20.95	博物馆类别	艺术类	141	25.69
	26~35 岁	226	41.17		历史类	149	27.14
	36~45 岁	178	32.42		综合类	176	32.06
	46~55 岁	30	5.46		其他类	83	15.11
受教育程度	高中及以下	24	4.37	职业	学生	118	21.49
	本科和专科	374	68.12		国有单位人员	221	40.26
	硕士及以上	151	27.51		民营企业人员	122	22.22
月收入	5000 元及以下	155	28.23		其他人员	88	16.03
	5001~8000 元	164	29.87	参观者来源	本地人	446	81.79
	8001~10000 元	136	24.77		外地人	103	18.21
	10001 元及以上	94	17.13				
参观次数	1 次及以下	174	31.69				
	2~3 次	285	51.91				
	4 次及以上	90	16.40				

由表 5-28 可以发现，从性别来看，62.11% 的参与受访者是女性，37.89% 的参与受访者为男性，参观博物馆的受访者以女性居多；从婚姻状况上来看，参与受访者已婚的占比 57.01%，未婚的占比 42.99%，参观博物馆的受访者以已婚者居多；从年龄分布来看，参与受访者 25 岁以下占比 20.95%，26~35 岁占比 41.17%，36~45 岁占比 32.42%，46~55 岁占比 5.46%，参观博物馆的受访者在年龄上主要以中青年为主，这些发现与其他学

者研究基本一致（Allan 和 Altal，2016；Hendon 等，1989）；从受教育程度来看，参与受访者本科和专科学历占比 68.12%，硕士及以上学历占比 27.51%，高中及以下学历占比 4.37%，参观博物馆的受访者整体上以受过高等教育的人群为主，这些发现与其他学者研究基本一致（Allan 和 Altal，2016；Larson，1994）；从职业分布情况来看，参与受访者在校学生占比 21.49%，国有单位人员占比 40.26%，民营企业人员占比 22.22%，其他人员占比 16.03%，参观博物馆的受访者以国有单位的人群居多；从平均月收入来看，参与受访者平均月工资 5000 元及以下的占比 28.23%，5001～8000 元的占比 29.87%，8001～10000 元的占比 24.77%，10001 元以上的占比 17.13%，参观博物馆的受访者以平均月收入 10000 元及以下人群居多。

从参观次数上来看，31.69%以上的受访者在最近一年中参观博物馆的次数为 1 次及以下，51.91%的受访者参观次数为 2~3 次，16.40%的受访者参观次数在 4 次及以上，参观博物馆的受访者有近 70%的人群一年内到访博物馆 2 次以上；从参观人员构成情况来看，绝大多数受访者都是和朋友或家人一起参观博物馆，分别占比为 34.24%、34.79%，独自去博物馆的人群比例为 10.38%，跟随旅行团的占比 20.59%，可以发现跟随旅行团之外的参观人群比例高达 79.41%，这与越来越多的人把参观者博物馆作为一种生活习惯的现象基本一致；从参观博物馆的所属类别来看，参观综合类博物馆的受访者占比为 32.06%、参观历史类博物馆的占比 27.14%、参观艺术博物馆的占比 25.69%、参观其他类博物馆的占比为 15.11%；从受访者的来源情况来看，81.79%的受访者来自成都本地，18.21%的受访者来自外地。

四、正式调查问卷变量描述性统计分析

正式调查问卷相关变量的描述性统计分析如表 5-29 所示。

表 5-29　各变量的统计分析

变量	极小值	极大值	均值	标准差	偏度		峰度	
	统计量	统计量	统计量	统计量	统计量	标准误	统计量	标准误
社会交往动机	1.00	5.00	3.84	0.721	-0.888	0.104	1.773	0.208
探索与教育动机	1.00	5.00	4.25	0.756	-0.893	0.104	0.549	0.208

续表

变量	极小值	极大值	均值	标准差	偏度		峰度	
	统计量	统计量	统计量	统计量	统计量	标准误	统计量	标准误
放松与逃避动机	1.00	5.00	2.67	1.184	0.012	0.104	-1.181	0.208
参与	1.00	5.00	3.70	0.880	-0.547	0.104	0.264	0.208
互动	1.00	5.00	3.31	0.783	-0.139	0.104	1.012	0.208
审美体验	1.00	5.00	3.48	0.822	0.044	0.104	0.242	0.208
教育体验	1.00	5.00	4.24	0.753	-0.989	0.104	1.346	0.208
娱乐体验	1.00	5.00	3.87	0.720	-0.764	0.104	1.507	0.208
逃避现实体验	1.00	5.00	3.65	0.7023	-0.547	0.104	1.744	0.208
强化	1.00	5.00	3.83	0.8742	-0.610	0.104	0.356	0.208
内容生成	1.00	5.00	3.75	0.9132	-0.691	0.104	0.409	0.208
经验知识	3.00	5.00	3.64	0.571	0.419	0.104	-0.831	0.208
理论知识	1.33	4.67	3.45	0.631	-0.814	0.104	1.329	0.208

变量的统计分析如表5-29所示，通过对动机等变量的统计分析，可以获得各个变量的均值、极大值、极小值、标准差、峰度和偏度等信息，进而可以了解到数据的一个整体情况以及数据是否适合进行下一步的统计分析。通过表5-29变量的统计可以看出，各变量数据的偏度绝对值≤2，峰度绝对值≤5，说明所收集样本数据波动较小，离散程度较低，数据符合研究的要求（Garcia等，1998）。

五、共同方法偏差检验

对于在实证研究中可能存在的共同方法偏差（Common Method Variance）问题，本章通过两种方法进行控制和检验：一是通过过程控制，利用现场发放纸质问卷和电子扫码相结合等多种手段收集样本数据并强调调查问卷仅限于学术用途。二是进行统计控制，根据Podsakoff等（2003）的建议，采用Harman单因子检验方法，将本研究使用的全部题项进行探索性因子分析，在不旋转的情况下共提取5个特征值大于1的公因子，其中第一个因子解释了总方差的22.793%，低于40%的临界值（Busser和Shulga，2019）。以上检验表明本研究不存在共同方法偏差问题。

第六章 参观者体验价值的实证检验

第一节 信度与效度检验

本章采用验证性因子分析（Confirmatory Factor Analysis，CFA）检验各量表的信度与效度，其中信度采用Cronbach's α 值和组合信度（Composite Reliability，CR）检验。对于效度检验，探索性因子分析是对问卷各量表的效度和内在维度进行初步的检验和探索，提出可供进一步研究的因子结构模型，这些变量的因子结构还需要通过验证性因子分析检验其拟合指标和建构效度，并测量各题项的因子载荷，为后续分析的变量计算提供依据。本章采用 A-MOS24.0 对各量表进行模型拟合的检验。

在模型拟合度检验方面，如果模型拟合度越高，那么说明模型可用性越强，各个参数的估计就越具有其真实的含义。AMOS 是以卡方统计量（χ^2）来进行检验，一般以卡方值 P 大于 0.5 作为判断，意即模型具有良好的拟合度。但是卡方统计量易受到样本大小影响，因此除了卡方统计量外，还需要同时参考其他拟合指标。常用的拟合指标有绝对拟合度指标、增值拟合度指标和精简拟合度指标：绝对拟合度指标主要有 GFI（拟合优度指数）、RMR（root mean square residual）、RMSEA（近似误差均方根）、χ^2/df（卡方自由度比值）；增值拟合度指标主要有 AGFI（adjust goodness of fit index）、NFI（规范拟合指数）、CFI（比较拟合指数）、IFI（增值拟合指数）；精简拟合度指标有 AIC（可用这个指标来比较多个模型，指标越小表示该模型越优）、CAIC（可用这个指标来比较多个模型，指标越小表示该模型越优）。常用的是绝对拟合度指标和增值拟合度指标，其中，$\chi^2/df<1$，表明模型拟合度过度，$1<\chi^2/df<3$，表示模型拟合度良好，如果 $\chi^2/df>3$，则表示模型拟合度不佳；GFI 越接近 1 表示模型适合度越好，通常采用 GFI 大于 0.9；RMR 越接近于 0 表示模型拟合度越好，通常采用 RMR 小于 0.05；RMSEA 越接近于 0 表示模型拟合度越好，通常采用 RMSEA 小于 0.08；AGFI 越接近于 1 表示模型适合度越好，通常采用 AGFI 大于 0.9；NFI 越接近 1 表示模型适合度越好，CFI 和 IFI 都是越接近 1 表示模型适合度越好（荣泰生，2010；温涵和梁韵斯，2015；温忠麟等，2004）。

验证性因子对量表建构效度的判定主要通过收敛效度（Convergent Validity）与区分效度（Discriminant Validity）两个指标来完成。具体步骤有两个：一是测量各变量对应题项的标准化因子载荷（也就是标准化回归系数表中的 Estimate 值）；二是通过标准化因子载荷计算平均方差萃取量（Average Variance Extracted，AVE）和组合信度，一般认为平均方差萃取量大于 0.5，所有变量的组合信度大于 0.7，则说明量表的收敛效度与区分效度良好（Hair，2010）。各量表的验证性因子分析具体如下：

一、参观者动机量表的验证性因子分析

参观者动机量表有 3 个潜在变量，分别是探索与教育动机、社会交往动机、放松与逃避动机，三个潜变量的测量题项都是 3 个，参观者动机量表的验证性因子分析共 9 个题项，使用 AMOS24.0 软件对模型进行检验，验证性因子分析如图 6-1 所示，主要适配指标都达到了要求。

从表 6-1 可以看出，各动机量表的 Cronbach's α 值分别为 0.835、0.928、0.944，均大于 0.7 的最低要求，各项指标都说明参观者动机所包含的各个题项均具有较高的内部一致性。潜在变量的组合信度 CR 分别为 0.838、0.929、0.949，均大于 0.7 的最低水平，表示模型的内在质量良好（Hair，2010）。

参观者动机量表验证性因子分析的结果为：$\chi^2/df=2.480$，<3 的最高值。GFI=0.954、AGFI=0.930、NFI=0.970、TLI=0.976、CFI=0.982，都大于 0.9 的最低水平。RMSEA=0.052，<0.08 的最高值。表 6-1 中显示所有题项的标准化因子载荷系数为：0.684~0.988，均小于 1，表明此模型未发生违反

估计之现象。潜在变量的平均方差提取（AVE 值）分别为 0.635、0.813、0.862，均大于 0.5 的最低水平，表示模型的内部质量很好（Bagozzi 和 Yi，1988；Fornell 和 Larcker，1981）。

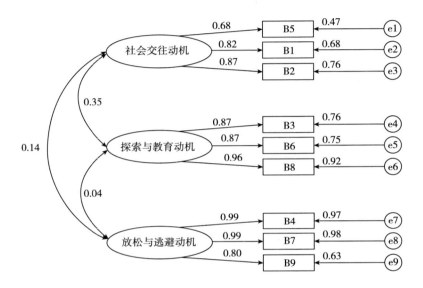

图 6-1　参观者动机验证性因子分析

表 6-1　验证性因子分析结果——参观者动机

潜变量	观察变量	标准化因子载荷	Cronbach's α	CR	AVE
社会交往动机	B5	0.684	0.835	0.838	0.635
	B1	0.823			
	B2	0.871			
探索与教育动机	B3	0.875	0.928	0.929	0.813
	B6	0.869			
	B8	0.959			
放松与逃避动机	B4	0.987	0.944	0.949	0.862
	B7	0.988			
	B9	0.797			

二、参与和互动量表的验证性因子分析

参与和互动量表有 2 个潜在变量，分别是参与、互动，2 个潜变量的测量题项都是 3 个，参与和互动量表的验证性因子分析共 6 个题项，使用 AMOS24.0 软件对模型进行检验，验证性因子分析如图 6-2 所示，主要适配指标都达到了要求。

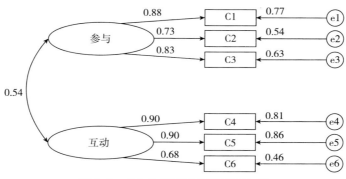

图 6-2 参与和互动验证性因子分析

由表 6-2 可以看出，各量表的 Cronbach's α 值分别为 0.851 和 0.862，均大于 0.7 的最低要求，各项指标都说明参与和互动所包含的各个题项均具有较高的内部一致性。潜在变量的组合信度 CR 分别为 0.855 和 0.870，均大于 0.7 的最低水平，表示模型的内在质量良好。

表 6-2 验证性因子分析结果——参与和互动

潜变量	观察变量	标准化因子载荷	Cronbach's α	CR	AVE
参与	C1	0.876	0.851	0.855	0.663
	C2	0.734			
	C3	0.827			
互动	C4	0.903	0.862	0.870	0.693
	C5	0.895			
	C6	0.680			

参与和互动量表验证性因子分析的结果为：$\chi^2/df = 2.679$，小于 3 的理想水平。GFI = 0.988、AGFI = 0.968、NFI = 0.988、TLI = 0.986、CFI = 0.992，都大于 0.9 的最低水平。RMSEA = 0.055，小于 0.08 的最高值。表 6-2 中显示所有题项的标准化因子载荷系数为 0.680～0.903，均小于 1，表明此模型未发生违反估计之现象。潜在变量的平均方差提取（AVE 值）分别为 0.663 和 0.693，均大于 0.5 的最低水平，表示模型的内部质量很好。

三、参观者体验价值量表的验证性因子分析

参观者体验价值量表有 4 个潜在变量，分别是审美体验价值、教育体验价值、娱乐体验价值及逃避现实体验价值，4 个潜变量的测量题项都是 3 个，参观者体验价值量表的验证性因子分析共 12 个题项，使用 AMOS24.0 软件对模型进行检验，验证性因子分析如图 6-3 所示，主要适配指标都达到了要求。

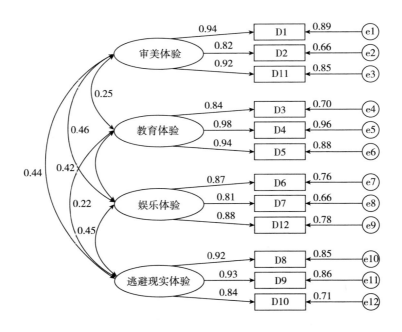

图 6-3　参观者体验验证性因子分析

由表 6-3 可以看出，各体验价值量表的 Cronbach's α 值分别为 0.921、

0.939、0.889、0.925，均大于 0.7 的最低要求，各项指标说明参观者体验价值所包含的各个题项均具有较高的内部一致性。潜在变量的组合信度 CR 分别为 0.923、0.943、0.890、0.926，均大于 0.7 的最低水平，表示模型的内在质量良好。

参观者体验价值量表验证性因子分析的结果为：$\chi^2/df = 2.806$，小于 3 的理想水平。GFI = 0.962、AGFI = 0.939、NFI = 0.976、TLI = 0.979、CFI = 0.985，都大于 0.9 的最低水平。RMSEA = 0.057，小于 0.08 的最高值。表 6-3 中显示所有题项的标准化因子载荷系数为 0.811~0.982，均小于 1，表明此模型未发生违反估计之现象。潜在变量的平均方差提取（AVE 值）分别为 0.801、0.848、0.730、0.808，均大于 0.5 的最低水平，表示模型的内部质量很好。

表 6-3　验证性因子分析结果——参观者体验价值

潜变量	观察变量	标准化因子载荷	Cronbach's α	CR	AVE
审美体验	D1	0.942	0.921	0.923	0.801
	D2	0.815			
	D11	0.923			
教育体验	D3	0.835	0.939	0.943	0.848
	D4	0.982			
	D5	0.939			
娱乐体验	D6	0.869	0.889	0.890	0.730
	D7	0.811			
	D12	0.881			
逃避现实体验	D8	0.924	0.925	0.926	0.808
	D9	0.926			
	D10	0.844			

四、内容生成和强化量表的验证性因子分析

内容生成和强化量表有 2 个潜在变量，分别是内容生成、强化，2 个潜变量的测量题项都是 3 个，内容生成和强化量表的验证性因子分析共 6 个题项，

使用 AMOS24.0 软件对模型进行检验，验证性因子分析如图 6-4 所示，主要适配指标都达到了要求。

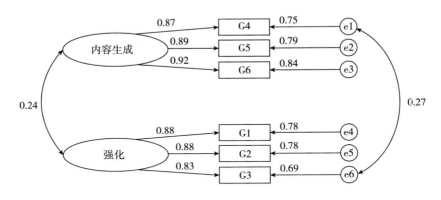

图 6-4　内容生成和强化验证性因子分析

由表 6-4 可以看出，各量表的 Cronbach's α 值分别为 0.901 和 0.919，均大于 0.7 的最低要求。各项指标说明强化和内容生成所包含的各个题项均具有较高的内部一致性。潜在变量的组合信度 CR 为 0.900 和 0.901，均大于 0.7 的最低水平，表示模型的内在质量良好。

内容生成和强化量表验证性因子分析的结果为：$\chi^2/df = 5.594$，大于 3 的最高值，RMSEA = 0.092，大于 0.08 的最高值，其他指标均符合模型匹配的要求，所以需要进一步模型修正，Modification Indices 显示，e^1 和 e^6 的 MI 值为 23.657，e^6 为指标变量"博物馆参观后，我会在社交网络上与网友讨论"的误差变量，e^1 为指标变量"我会在社交网络分享我参观博物馆的经历"的误差变量，从内容上来看，博物馆参观结束后，在社交网络讨论，在社交网络分享参观经历两个题项有一定的相关性，按照模型修正的步骤，建立 e^1 和 e^6 的联系，进一步的结果显示为：$\chi^2/df = 2.870$，小于 3 的最高值。GFI = 0.988、AGFI = 0.965、NFI = 0.991、TLI = 0.988、CFI = 0.994，都大于 0.9 的最低值。RMSEA = 0.059，小于 0.08 的最高值。表 6-4 中显示所有题项的标准化因子载荷系数为 0.830~0.915 均小于 1，表明此模型未发生违反估计之现象。潜在变量的平均方差提取（AVE 值）分别为 0.751 和 0.752，均大于 0.5 的最低水平，表示模型的内部质量很好。

表 6-4　验证性因子分析结果——强化和内容生成

潜变量	观察变量	标准化因子载荷	Cronbach's α	CR	AVE
强化	G1	0.884	0.901	0.900	0.751
	G2	0.884			
	G3	0.830			
内容生成	G4	0.866	0.919	0.901	0.752
	G5	0.889			
	G6	0.915			

五、参观者知识量表的验证性因子分析

参观者知识量表有 2 个潜在变量，分别是经验知识和理论知识，2 个潜变量的测量题项都是 3 个，经验知识和理论知识量表的验证性因子分析共 6 个题项，使用 AMOS24.0 软件对模型进行检验，验证性因子分析如图 6-5 所示，主要适配指标都达到了要求。

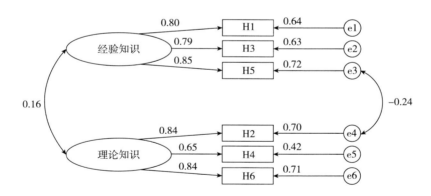

图 6-5　参观者知识验证性因子分析

由表 6-5 可以看出，各知识量表的 Cronbach's α 值分别为 0.856 和 0.816，均大于 0.7 的最低要求，各项指标说明参观者知识所包含的各个题项均具有较高的内部一致性。潜在变量的组合信度 CR 分别为 0.856 和 0.823，均大于 0.7 的最低水平，表示模型的内在质量良好。

参观者知识量表验证性因子分析的结果为：$\chi^2/df = 3.675$，大于 3 的最高值。其他指标均符合模型匹配的要求，所以需要进一步模型修正，根据 Modification Indices 显示，e^3 和 e^4 的 MI 值为 12.540，e^3 为指标变量"我经常参加一些文化旅游活动"的误差变量，e^4 为指标变量"我对学习艺术/历史/科学有浓厚的兴趣"的误差变量，从内容上来看，参观者具备一定的艺术/历史/科学知识和经常参加一些文化旅游活动两个题项有一定的相关性，按照模型修正的步骤，建立 e^3 和 e^4 的联系，进一步的结果显示为：$\chi^2/df = 2.326$，小于 3 的最高值。GFI = 0.990、AGFI = 0.971、NFI = 0.988、TLI = 0.985、CFI = 0.993，都大于 0.9 的最低值。RMSEA = 0.049，小于 0.08 的最高值。表 6-5 中显示所有题项的标准化因子载荷系数为 0.649~0.851 均小于 1，表明此模型未发生违反估计之现象。潜在变量的平均方差提取（AVE 值）分别为 0.665 和 0.610，均大于 0.5 的最低水平，表示模型的内部质量很好。

表 6-5　验证性因子分析结果——参观者知识

潜变量	观察变量	标准化因子载荷	Cronbach's α	CR	AVE
经验知识	H1	0.800	0.856	0.856	0.665
	H3	0.794			
	H5	0.851			
理论知识	H2	0.835	0.816	0.823	0.610
	H4	0.649			
	H6	0.844			

第二节　相关分析及区别效度

相关分析一般是研究两个或两个以上处于同等地位的随机变量间的相关关系的统计分析方法，相关系数用"r"表示，取值范围在-1~1，且系数的绝对值越接近于 1 就表示变量间的相关性越高；如果相关系数取值为正，表明变量间的关系是正相关；如果相关系数取值为负，表明变量间的关系为负相关。

本部分内容主要通过变量间的 Pearson 相关分析确定研究变量的相关关系。区别效度是指不同构面应该用不同题项来测量，因此在统计数据上反映出来应该是有差异的，不同构面的题项不具有高度相关。如果两个题项是高度相关，这种情况通常是因为它们测量的是同一件事，并没有加以区分。具体相关关系及区别效度分析如表6-6所示。

一、参观者动机和体验价值的相关关系

由表6-6可以发现：参观者的社会交往动机和审美体验价值、教育体验价值、娱乐体验价值及逃避现实体验价值在0.01水平上显著正相关，相关系数分别为0.189、0.189、0.205、0.196。参观者的探索与教育动机和审美体验价值、教育体验价值、娱乐体验价值及逃避现实体验价值在0.01水平上显著正相关，相关系数分别为0.240、0.370、0.289、0.283。参观者的放松与逃避动机和审美体验价值、娱乐体验价值及逃避现实体验价值在0.01水平上显著正相关，相关系数分别为0.271、0.164、0.169；放松与逃避动机和教育体验价值在0.01水平上显著负相关，相关系数为-0.193；对角线上所有变量AVE值的平方根均大于其对应相关系数的绝对值，可见变量之间具有明显的区分效度。

二、参观者动机和参与、互动的相关关系

由表6-6可以发现：参观者的社会交往动机和参与、互动在0.01水平上显著正相关，相关系数分别为0.165和0.128。参观者的探索与教育动机和参与、互动在0.01水平上显著正相关，相关系数分别为0.311和0.278。参观者的放松与逃避动机和互动在0.01水平上显著正相关，相关系数为0.145；放松与逃避动机和参与相关性不显著。对角线上所有变量AVE值的平方根均大于其对应相关系数的绝对值，可见变量之间具有明显的区分效度。

三、参与、互动和体验价值的相关关系

由表6-6可以发现：参观者的参与和教育体验价值、娱乐体验价值、逃避

表 6-6　研究变量相关系数矩阵

	1	2	3	4	5	6	7	8	9	10	11	12	13
1. 社会交往动机	0.797												
2. 探索与教育动机	0.291**	0.902											
3. 放松与逃避动机	0.085*	-0.066	0.928										
4. 参与	0.165**	0.311**	-0.032	0.814									
5. 互动	0.128**	0.278**	0.145**	0.444**	0.832								
6. 审美体验价值	0.189**	0.240**	0.271**	0.069	0.357**	0.895							
7. 教育体验价值	0.189**	0.370**	-0.193**	0.334**	0.259**	0.232**	0.921						
8. 娱乐体验价值	0.205**	0.289**	0.164**	0.189**	0.250**	0.437**	0.368**	0.854					
9. 逃避现实体验价值	0.196**	0.283**	0.169**	0.214**	0.334**	0.432**	0.214**	0.427**	0.899				
10. 强化	0.221**	0.455**	0.053	0.296**	0.403**	0.448**	0.405**	0.480**	0.441**	0.867			
11. 内容生成	0.095*	0.192**	-0.021	0.221**	0.121**	0.008	0.213**	0.094*	0.107*	0.236**	0.867		
12. 经验知识	0.028	-0.012	0.007	0.009	0.028	0.025	-0.041	0.018	0.068	0.027	0.002	0.815	
13. 理论知识	0.011	0.032	0.060	0.056	0.084*	0.016	0.061	0.140**	-0.058	0.063	0.050	0.136**	0.781
均值	3.840	4.250	2.670	3.700	3.310	3.480	4.240	3.870	3.650	3.830	3.750	3.640	3.450
标准差	0.721	0.756	1.184	0.880	0.783	0.822	0.753	0.720	0.702	0.874	0.913	0.571	0.632

注：＊＊表示在 0.01 水平（双侧）上显著相关，＊表示在 0.05 水平（双侧）上显著相关；对角线数据为 AVE 的平方根；1. 社会交往动机，2. 探索与教育动机，3. 放松与逃避动机，4. 参与，5. 互动，6. 审美体验价值，7. 教育体验价值，8. 娱乐体验价值，9. 逃避现实体验价值，10. 强化，11. 内容生成，12. 经验知识，13. 理论知识。

现实体验价值在 0.01 水平上显著正相关，相关系数分别为 0.334、0.189、0.214；参与和审美体验价值相关性不显著。参观者的互动与审美体验价值、教育体验价值、娱乐体验价值及逃避现实体验价值在 0.01 水平上显著正相关，相关系数分别为 0.357、0.259、0.250、0.334。对角线上所有变量 AVE 值的平方根均大于其对应相关系数的绝对值，可见变量之间具有明显的区分效度。

四、体验价值和强化、内容生成的相关关系

由表 6-6 可以发现：参观者的审美体验价值和强化在 0.01 水平上显著正相关，相关系数为 0.448，审美体验价值和内容生成相关性不显著。参观者的教育体验价值与强化、内容生成在 0.01 水平上显著正相关，相关系数为 0.405 和 0.213。参观者的娱乐体验价值和强化在 0.01 水平上显著相关，相关系数为 0.480；娱乐体验价值和内容生成在 0.05 水平上显著相关，相关系数为 0.094。参观者的逃避现实体验价值和强化在 0.01 水平上显著相关，相关系数为 0.441；逃避现实体验价值和内容生成在 0.05 水平上显著相关，相关系数为 0.107。对角线上所有变量 AVE 值的平方根均大于其对应相关系数的绝对值，可见变量之间具有明显的区分效度。

第三节　结构方程检验

结构方程模型（Structural Equation Modeling，SEM）是用于处理复杂的多变量数据的探究与分析的一种模型，主要用 AMOS 软件处理。SEM 所处理的是整体模型的比较，所参考的指标主要考虑的不是单一的参数，而是整合性的系数，所以个别指标是否具有特定的统计显著性就不是 SEM 分析的重点所在。SEM 适用于大样本的分析，由于 SEM 所处理的变量数目比较多，变量之间的关系较为复杂，为了维持统计假设不致违反，要求使用较大的样本数，同时样本规模的大小与 SEM 分析的稳定性和各项指标的适用性有密切的关系。一般情况下，样本的数量是 SEM 中的一个关键指标，通常当样本小于 100 个时，几乎所有的 SEM 分析都是不稳定的。

在结构方程模型中有三种类型的变量，分别是潜在变量（Latent Variable）、观察变量（Observed Variable）和误差变量（Unique Variable）。其中，潜在变量就是一个构念，是无法测量的变量，在 AMOS 中以椭圆形表示。观察变量又称测量变量（Measurement Variable）、显性变量（Manifest Variables），是直接可以测量的变量，在 AMOS 中以长方形表示。观察变量是调查问卷中的题项（问卷中具有效度的一个或多个题目），观察变量又称为观测变量，因为它表示可以被观察并加以测量的双重意义。误差变量是不具有实际测量的变量，在这点上与潜在变量一样，每个观察变量都会有误差变量，在 AMOS 中误差变量以圆形表示。在结构方程模型分析的路径图中，包括测量模型与结构模型两种，测量模型是指潜在变量与观察变量之间的关系，由于所假设的构念不能够被直接测量，所以就用测量模型将所观察的、所记录的或所测量的建构成潜在变量。结构模型显示了潜在变量的因果关系，还可以解释因果效应以及未能解释的变异（Anderson 和 Gerbing，1988；Baumgartner 和 Homburg，1996；荣泰生，2010）。

一、动机与体验价值模型检验

1. 初始模型构建

根据本章的概念模型，使用 AMOS24.0 软件处理参观者动机、参与、互动和体验价值之间的影响，具体如图 6-6 所示。

2. 模型评价

模型评价按照验证性因子分析所描述的指标进行，如果模型指标不符合要求，就需要进行模型修正，一般有两种常用的方法：一是将内外部变量间的路径关系进行更换，该方法一般采用 T 值修正，即当 T 的绝对值小于 1.96 时，将该路径删除；二是通过对 MI 值的大小来进行修正，即通过 MI 值按照从大到小增加残差变量间的共变关系来修正模型，以达到较好的拟合度，本章采用第二种方法进行模型的修正（荣泰生，2010）。

初始模型结果运算显示：$\chi^2/df = 2.901$、GFI = 0.894、AGFI = 0.864、NFI = 0.932、TLI = 0.945、CFI = 0.954、PGFI = 0.698、RMSEA = 0.059，其中，GFI 和 AGFI 的值都小于最低 0.9 的要求，按照模型的拟合要求进行模型修正。根据 Modification Indices 显示，e^{28} 和 e^{29} 的 MI 值为 99.137，e^{30} 和 e^{32} 的 MI 值

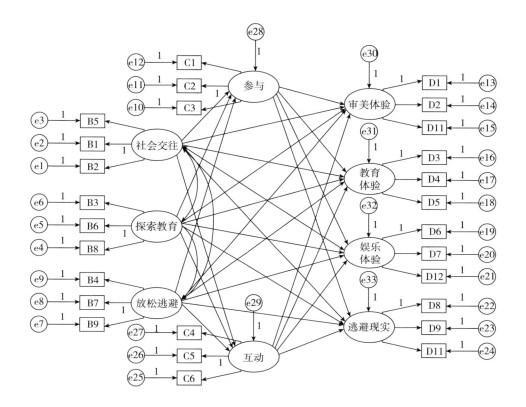

图 6-6　动机与体验价值模型

为 59. 453，e^{32} 和 e^{33} 的 MI 值为 48. 473，e^{31} 和 e^{32} 的 MI 值为 47. 738，e^{28} 和 e^{29} 分别是潜变量参与和互动的误差变量，e^{30}、e^{31}、e^{32} 和 e^{33} 分别是审美体验价值、教育体验价值、娱乐体验价值、逃避现实体验价值的误差变量，在变量参与涉及的题项中有"当参观博物馆时，我积极参加了博物馆的活动"，变量互动涉及的题项中有"与工作人员、与其他参观者之间的互动"，从语义上判断，这些题项之间的含义有一定的相关性。审美体验价值涉及的题项中主要是"博物馆的外部建筑、内部装饰及展品等带给参观者的各种美感"，教育体验价值的题项中主要涉及带给参观者的各方面收获，从语义上判断，这些题项之间有一定的相关性。娱乐体验价值涉及的题项主要有参观带来的趣味性和过程的经历享受，逃避现实体验价值主要是带给参观者的一种沉浸体验，也可以说是更深一层的娱乐体验（Pine 和 Gilmore，1998），这两个体验价值之间的含义具有一定的相关性，按照模型修正的步骤，分别建立 e^{28} 和 e^{29}、e^{30} 和 e^{32}、e^{32} 和 e^{33}、e^{31} 和 e^{32} 的联系，进一步的结果显示为：$\chi^2/df = 2.118$、小于 3 的最高水平，GFI = 0.924、AGFI = 0.901、NFI = 0.951、TLI = 0.968、CFI = 0.973 都大于 0.9 的最低水平，PGFI = 0.711，大于 0.5 的最低要求，RMSEA = 0.045，小于 0.08 的最高值（Bollen，1989；Hoyle，1995；温忠麟等，2004）。修正后的动机与体验价值模型各项指标均符合要求（见图 6-7）。

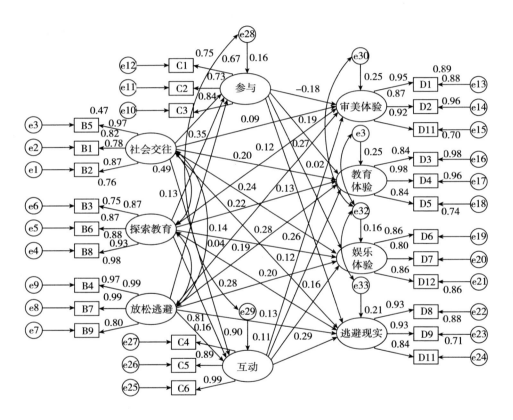

图 6-7　修正后的动机与体验价值模型

3. 路径分析与假设检验

（1）根据表 6-7 的结果显示，社会交往动机对审美体验价值的回归系数为 0.113（p<0.05），因此假设 H1a 通过验证；探索与教育动机对审美体验价值的回归系数为 0.218（p<0.001），因此假设 H1b 通过验证；放松与

逃避动机对审美体验价值的回归系数为 0.188（p<0.001），因此假设 H1c 通过验证。

表 6-7　直接路径系数与假设检验

路径关系	回归系数	t 值	p 值	假设	检验结果
社会交往动机→审美体验价值	0.113	2.030	0.042	H1a	支持
探索与教育动机→审美体验价值	0.218	4.302	＊＊＊	H1b	支持
放松与逃避动机→审美体验价值	0.188	5.299	＊＊＊	H1c	支持
社会交往动机→教育体验价值	0.116	2.538	0.011	H2a	支持
探索与教育动机→教育体验价值	0.218	5.198	＊＊＊	H2b	支持
放松与逃避动机→教育体验价值	-0.137	-4.700	＊＊＊	H2c	不支持
社会交往动机→娱乐体验价值	0.123	2.528	0.011	H3a	支持
探索与教育动机→娱乐体验价值	0.201	4.493	＊＊＊	H3b	支持
放松与逃避动机→娱乐体验价值	0.131	1.999	0.018	H3c	支持
社会交往动机→逃避现实体验价值	0.090	1.916	0.055	H4a	不支持
探索与教育动机→逃避现实体验价值	0.174	4.066	＊＊＊	H4b	支持
放松与逃避动机→逃避现实体验价值	0.091	3.078	0.002	H4c	支持
社会交往动机→参与	0.108	1.919	0.039	H5a	支持
探索与教育动机→参与	0.369	7.173	＊＊＊	H5b	支持
放松与逃避动机→参与	-0.005	-0.137	0.891	H5c	不支持
社会交往动机→互动	0.038	0.840	0.401	H6a	不支持
探索与教育动机→互动	0.228	5.711	＊＊＊	H6b	支持
放松与逃避动机→互动	0.095	3.341	＊＊＊	H6c	支持
参与→审美体验价值	-0.189	-3.304	＊＊＊	H7a	不支持
互动→审美体验价值	0.482	6.481	＊＊＊	H7b	支持
参与→教育体验价值	0.154	3.284	0.001	H8a	支持
互动→教育体验价值	0.131	2.250	0.024	H8b	支持
参与→娱乐体验价值	0.012	0.246	0.806	H9a	不支持
互动→娱乐体验价值	0.183	2.915	0.004	H9b	支持
参与→逃避现实体验价值	-0.004	-0.082	0.935	H10a	不支持
互动→逃避现实体验价值	0.321	5.220	＊＊＊	H10b	支持

注：＊＊＊表示 p<0.001，回归系数为标准化系数。

社会交往动机对教育体验价值的回归系数为 0.116（p<0.05），因此假设 H2a 通过验证；探索与教育动机对教育体验价值的回归系数为 0.218（p<0.001），因此假设 H2b 通过验证；放松与逃避动机对教育体验价值的回归系数为-0.137（p<0.001），因此假设 H2c 没有通过验证。

社会交往动机对娱乐体验价值的回归系数为 0.123（p<0.05），因此假设 H3a 通过验证；探索与教育动机对娱乐体验价值的回归系数为 0.201（p<0.001），因此假设 H3b 通过验证；放松与逃避动机对娱乐体验价值的回归系数为 0.131（p<0.05），因此假设 H3c 通过验证。

社会交往动机对逃避现实体验价值的回归系数为 0.090（p>0.05），因此假设 H4a 没有通过验证；探索与教育动机对逃避现实体验价值的回归系数为 0.174（p<0.001），因此假设 H4b 通过验证；放松与逃避动机对逃避现实体验价值的回归系数为 0.091（p<0.05），因此假设 H4c 通过验证。

（2）社会交往动机对参与的回归系数为 0.108（p<0.05），因此假设 H5a 通过验证；探索与教育动机对参与的回归系数为 0.369（p<0.001），因此假设 H5b 通过验证；放松与逃避动机对参与的回归系数为-0.005（p>0.05），因此假设 H5c 没有通过验证。

社会交往动机对互动的回归系数为 0.038（p>0.05），因此假设 H6a 没有通过验证；探索与教育动机对互动的回归系数为 0.228（p<0.001），因此假设 H6b 通过验证；放松与逃避动机对互动的回归系数为 0.095（p<0.001），因此假设 H6c 通过验证。

（3）参与对审美体验价值的回归系数为-0.189（p<0.001），因此假设 H7a 没有通过验证；互动对审美体验价值的回归系数为 0.482（p<0.001），因此假设 H7b 通过验证；参与对教育体验价值的回归系数为 0.154（p<0.05），因此假设 H8a 通过验证；互动对教育体验价值的回归系数为 0.131（p<0.05），因此假设 H8b 通过验证；参与对娱乐体验价值的回归系数为 0.012（p>0.05），因此假设 H9a 没有通过验证；互动对娱乐体验价值的回归系数为 0.183（p<0.05），因此假设 H9b 通过验证；参与对逃避现实体验价值的回归系数为-0.004（p>0.05），因此假设 H10a 没有通过验证；互动对逃避现实体验价值的回归系数为 0.321（p<0.001），因此假设 H10b 通过验证。动机和体验价值之间通过验证的路径系数如图 6-8 所示。

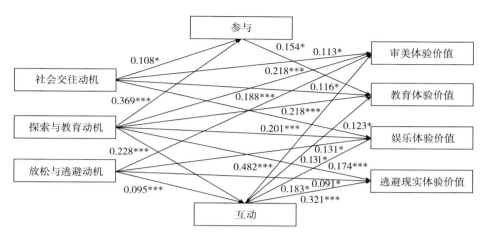

图 6-8　动机与体验价值模型的路径系数

注：＊、＊＊＊分别表示在 0.05、0.001 水平（双侧）上显著相关。

二、体验价值与行为意愿模型检验

1．初始模型构建

根据本书的概念模型，使用 AMOS24.0 软件处理参观者体验价值对内容生成、强化的影响，具体如图 6-9 所示。

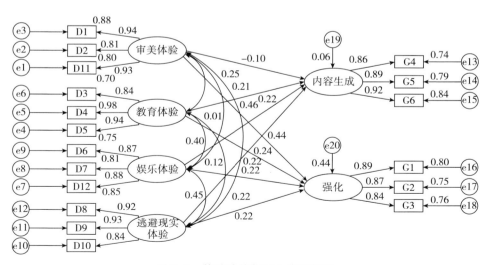

图 6-9　体验价值与行为意愿模型

2. 模型评价

模型评价按照验证性因子分析所描述的指标进行，如果模型指标不符合要求，就需要进行模型修正，本章通过对 MI 值的大小进行修正，即通过 MI 值按照从大到小增加残差变量间的共变关系来修正模型，以达到较好的拟合度。初始模型结果显示：$\chi^2/df = 2.985$，小于 3 的理想值，GFI = 0.933、AGFI = 0.905、NFI = 0.957、TLI = 0.963、CFI = 0.971，这些指标都大于 0.9 的最低值，PGFI = 0.660，大于 0.5 的最低要求，RMSEA = 0.060，小于 0.08 的最高值（Bollen，1989；Hoyle，1995；温忠麟等，2004）。模型各项指标均符合要求。

3. 路径分析与假设检验

（1）根据表 6-8 的结果显示，审美体验价值对强化的回归系数为 0.215（p<0.001），因此假设 H11a 通过验证；教育体验价值对强化的回归系数为 0.242（p<0.001），因此假设 H11b 通过验证；娱乐体验价值对强化的回归系数为 0.226（p<0.001），因此假设 H11c 通过验证；逃避现实体验价值对强化的回归系数为 0.223（p<0.001），因此假设 H11d 通过验证。

表 6-8　直接路径系数与假设检验

路径关系	回归系数	t 值	p 值	假设	检验结果
审美体验→强化	0.215	4.816	***	H11a	支持
教育体验→强化	0.242	5.949	***	H11b	支持
娱乐体验→强化	0.226	4.607	***	H11c	支持
逃避现实体验→强化	0.223	5.009	***	H11d	支持
审美体验→内容生成	-0.109	-2.010	0.044	H12a	不支持
教育体验→内容生成	0.213	4.298	***	H12b	支持
娱乐体验→内容生成	0.003	0.043	0.966	H12c	不支持
逃避现实体验→内容生成	0.111	2.069	0.039	H12d	支持

注：＊＊＊表示 p<0.001，回归系数为标准化系数。

（2）审美体验价值对内容生成的回归系数为 -0.109（p<0.05），因此假设 H12a 没有通过验证；教育体验价值对内容生成的回归系数为 0.213（p<0.001），因此假设 H12b 通过验证；娱乐体验价值对内容生成的回归系数为 0.003（p>0.05），因此假设 H12c 没有通过验证；逃避现实体验价值对内容生成的回归系数为 0.111 （p<0.05），因此假设 H12d 通过验证。体验价值和内容生成、强化之间通过验证的路径系数如图 6-10 所示。

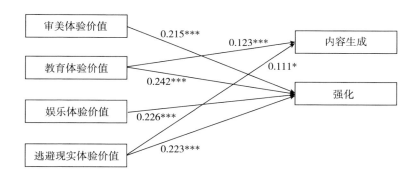

图 6-10 体验价值与行为意愿模型的路径系数

注：＊表示在 0.05 水平（双侧）上显著相关，＊＊＊表示在 0.001 水平（双侧）上显著相关。

第四节　中介效应检验

中介变量是自变量对因变量产生作用的中间机制，是自变量能够影响因变量的部分或全部原因，也可以理解为自变量部分或全部通过中介变量对因变量产生影响（温忠麟等，2005）。在统计分析中，如果自变量 X 通过影响 M 进而影响因变量 Y，那么视 M 为中介变量。中介变量在自变量与因变量之间所起的作用又分为部分中介效应和完全中介效应，如果中介变量 M 的加入使自变量对因变量的影响不显著，那么中介变量所起的作用就是完全中介效应；如果中介变量 M 加入使自变量对因变量的影响降低，那么中介变量所起的作用就是部分中介效应。目前，中介效应的检验方法主要有 Baron 和 Kenny（1986）提出的检验（Causal Steps Approach）以及 Bootstrap 检验。近些年很多研究指出依次检验在对中介效应的检测时准确性低的问题（Edwards 和 Lambert，2007；Hayes，2009；Mackinnon 等，2002；温忠麟等，2012），将本为显著的中介效应判断为不显著。所以，越来越多的学者呼吁使用 Bootstrap 检验替代依次检验（Fritz、方杰和张敏强，2012；Mackinnon，2002；Zhao 等，

2010）。鉴于此，本章采用具有偏差校正的非参数百分位（bias-correctedper-centile）Bootstrap 检验，在重复抽样 5000 次，95%的置信区间条件下检验中介效应的显著性，数据分析结果如表 6-9 和表 6-10 所示。

表 6-9　探索与教育动机和体验价值之间的中介效应检验

X	M	C	Y	Directeffect (95%CI)	Indirecteffect (95%CI)	Totaleffect (95%CI)
探索与教育动机	参与互动	社会交往动机放松与逃避动机	审美体验	0.195 [0.106, 0.284]	−0.043 [−0.079, −0.016]	0.250 [0.161, 0.338]
					0.098 [0.062, 0.150]	
			教育体验	0.237 [0.156, 0.318]	0.052 [0.025, 0.089]	0.324 [0.245, 0.404]
					0.036 [0.011, 0.071]	
			娱乐体验	0.194 [0.111, 0.276]	0.011 [−0.011, 0.036]	0.245 [0.166, 0.325]
					0.041 [0.017, 0.073]	
			逃避现实体验	0.174 [0.096, 0.253]	0.011 [−0.010, 0.036]	0.246 [0.169, 0.322]
					0.060 [0.033, 0.097]	

　　注：自变量（X）为探索与教育动机，中介变量（M）为参与、互动，控制变量（C）为社会交往动机、放松与逃避动机，因变量（Y）为审美体验价值、教育体验价值、娱乐体验价值及逃避现实体验价值。回归系数为标准化系数，采用具有偏差校正的非参数百分位（bias-correctedpercentile）。

表 6-10　放松与逃避动机和体验价值之间的中介效应检验

X	M	C	Y	Directeffect (95%CI)	Indirecteffect (95%CI)	Totaleffect (95%CI)
放松与逃避动机	参与互动	社会交往动机探索与教育动机	审美体验	0.155 [0.102, 0.208]	0.002 [−0.006, 0.013]	0.193 [0.139, 0.247]
					0.036 [0.016, 0.063]	

X	M	C	Y	Directeffect（95%CI）	Indirecteffect（95%CI）	Totaleffect（95%CI）
放松与逃避动机	参与互动	社会交往动机探索与教育动机	逃避现实体验	0.084 [0.037，0.130]	−0.001 [−0.006，0.001]	0.105 [0.058，0.152]
					0.022 [0.009，0.041]	

注：自变量（X）为放松与逃避动机，中介变量（M）为参与、互动，控制变量（C）为社会交往动机、探索与教育动机，因变量（Y）为审美体验价值、逃避现实体验价值。回归系数为标准化系数，采用具有偏差校正的非参数百分位（bias-correctedpercentile）。

一、探索与教育动机和审美体验价值之间的中介效应检验

由表 6-9 可知，对于"探索与教育动机→参与→审美体验价值"路径，参与在探索与教育动机和审美体验价值之间的间接效应值为−0.043，置信区间为 [−0.079，−0.016]；对于"探索与教育动机→互动→审美体验价值"路径，互动在探索与教育动机和审美体验价值之间的间接效应值为 0.098，置信区间为 [0.062，0.150]；探索与教育动机和审美体验价值之间的直接效应值为 0.195，置信区间为 [0.106，0.284]，总效应值为 0.250，置信区间为 [0.161，0.338]，以上置信区间均不包含 0，可见互动在探索与教育动机和审美体验价值之间有部分中介效应，H13 得到部分支持。

二、探索与教育动机和教育体验价值之间的中介效应检验

由表 6-9 可知，对于"探索与教育动机→参与→教育体验价值"路径，参与在探索与教育动机和教育体验价值之间的间接效应值为 0.052，置信区间为 [0.025，0.089]；对于"探索与教育动机→互动→教育体验价值"路径，互动在探索与教育动机和教育体验价值之间的间接效应值为 0.036，置信区间为 [0.011，0.071]；探索与教育动机和教育体验价值之间的直接效应值为 0.237，置信区间为 [0.156，0.318]，总效应值为 0.324，置信区间为 [0.245，0.404]，以上置信区间均不包含 0，可见参与、互动在探索与教育动

机和教育体验价值之间具有双重中介效应（部分中介效应），H13 得到部分支持。

三、探索与教育动机和娱乐体验价值之间的中介效应检验

由表6-9可知，对于"探索与教育动机→参与→娱乐体验价值"路径，参与在探索与教育动机和娱乐体验价值之间的间接效应值为0.011，置信区间为 [-0.011，0.036]；对于"探索与教育动机→互动→娱乐体验价值"路径，互动在探索与教育动机和娱乐体验价值之间的间接效应值为0.041，置信区间为 [0.017，0.073]；探索与教育动机和娱乐体验价值之间的直接效应值为0.194，置信区间为 [0.111，0.276]，总效应值为 0.245，置信区间为 [0.166，0.325]。从以上结果可以看出，"探索与教育动机→参与→娱乐体验价值"路径置信区间包含0，其他置信区间都不包含0，可见参与在探索与教育动机和娱乐体验价值之间不存在中介效应，互动在探索与教育动机和娱乐体验价值之间存在部分中介效应，H13 得到部分支持。

四、探索与教育动机和逃避现实体验价值之间的中介效应检验

由表6-9可知，对于"探索与教育动机→参与→逃避现实体验价值"路径，参与在探索与教育动机和逃避现实体验价值之间的间接效应值为0.011，置信区间为 [-0.010，0.036]；对于"探索与教育动机→互动→逃避现实体验价值"路径，互动在探索与教育动机和逃避现实体验价值之间的间接效应值为0.060，置信区间为 [0.033，0.097]；探索与教育动机和逃避现实体验价值之间的直接效应值为0.174，置信区间为 [0.096，0.253]，总效应值为0.246，置信区间为 [0.169，0.322]。从以上结果可以看出，"探索与教育动机→参与→逃避现实体验价值"路径置信区间包含0，其他置信区间都不包含0，可见参与在探索与教育动机和逃避现实体验价值之间不存在中介效应，互动在探索与教育动机和逃避现实体验价值之间存在部分中介效应，H13 得到部分支持。

五、放松与逃避动机和审美体验价值之间的中介效应检验

由表6-10可知，对于"放松与逃避动机→参与→审美体验价值"路径，参与在放松与逃避动机和审美体验价值之间的间接效应值为0.002，置信区间为 [-0.006，0.013]；对于"放松与逃避动机→互动→审美体验价值"路径，互动在放松与逃避动机和审美体验价值之间的间接效应值为0.036，置信区间为 [0.016，0.063]；放松与逃避动机和审美体验价值之间的直接效应值为0.155，置信区间为 [0.102，0.208]，总效应值为0.193，置信区间为 [0.139，0.247]。从以上结果可以看出，"放松与逃避动机→参与→审美体验价值"路径置信区间包含0，其他置信区间都不包含0，可见参与在放松与逃避动机和审美体验价值之间不存在中介效应，互动在放松与逃避动机和审美体验价值之间存在部分中介效应，H13得到部分支持。

六、放松与逃避动机和逃避现实体验价值之间的中介效应检验

由表6-10可知，对于"放松与逃避动机→参与→逃避现实体验价值"路径，参与在放松与逃避动机和逃避现实体验价值之间的间接效应值为-0.001，置信区间为 [-0.006，0.001]；对于"放松与逃避动机→互动→逃避现实体验价值"路径，互动在放松与逃避动机和逃避现实体验价值之间的间接效应值为0.022，置信区间为 [0.009，0.041]；放松与逃避动机和逃避现实体验之间的直接效应值为0.084，置信区间为 [0.037，0.130]，总效应值为0.105，置信区间为 [0.058，0.152]。从以上结果可以看出，"放松与逃避动机→参与→逃避现实体验价值"路径置信区间包含0，其他置信区间都不包含0，可见参与在放松与逃避动机和逃避现实体验价值之间不存在中介效应，互动在放松与逃避动机和逃避现实体验价值之间存在部分中介效应，H13得到部分支持。

第五节　调节效应检验

调节变量是影响因变量和自变量关系的方向和强弱的一种变量，如果因变量 Y 与自变量 X 的关系是变量 M 的函数，即 Y 与 X 的关系受到变量 M 的影响，则变量 M 视为自变量 X 与因变量 Y 之间的调节变量，调节变量在自变量 X 与因变量 Y 之间发挥正向调节效应或负向调节效应。本研究用层次回归法分析连续性调节变量的调节效应（温忠麟等，2005，2012）。先将自变量和调节变量进行中心化处理，之后在回归模型中逐步放入控制变量、自变量、调节变量、自变量和调节变量的交互项，即建立 $Y = aX + bM + cXM + e$ 的回归方程，如果模型整体和交互项系数 c 均显著，那么可认为 M 变量在 X 对 Y 的影响中具有显著的调节作用。按照这个思路，本章分别对参观者的理论知识和经验知识在动机和体验价值之间的调节效应进行检验。

一、参观者理论知识在探索与教育动机对教育体验价值影响中的调节作用

检验参观者的理论知识在探索与教育动机对教育体验价值影响中的调节作用，验证假设 H14b。在模型 1 中将探索与教育动机作为自变量，在模型 2 中加入调节变量参观者的理论知识，在模型 3 中加入探索与教育动机×理论知识交互项，之后进行分层回归分析，具体结果如表 6-11 所示。

由表 6-11 可知，在第 2 个模型加入理论知识的调节变量后，对教育体验价值的解释能力增加了 0.2%（$\Delta R^2 = 0.002$）；在第 3 个模型中，加入交互项（探索与教育动机×理论知识）后，对教育体验价值的解释能力增加了 0.7%（$\Delta R^2 = 0.007$），交互项（探索与教育动机×理论知识）的显著性为 0.049（<0.05），达到了显著性标准，说明在探索与教育动机影响教育体验价值的过程中，参观者的理论知识有调节作用。又因交互项（探索与教育动机×理论知识）系数为 0.122（>0），所以参观者的理论知识正向调节探索与教育动机对教育体验价值的影响。因此，假设 H14b 部分通过验证。

表 6-11　参观者理论知识在动机和体验价值之间的调节效应

模型	教育体验价值			审美体验价值		
	1	2	3	4	5	6
探索与教育动机	0.363 ***	0.362 ***	0.365 ***			
放松与逃避动机				0.188 ***	0.188 ***	0.183 ***
理论知识		0.058	0.046		0.001	0.006
探索教育×理论知识			0.122 *			
放松逃避×理论知识						0.126 **
F 值	45.486 ***	30.848 ***	24.318 ***	43.425 ***	21.673 ***	17.248 ***
R^2	0.143	0.145	0.152	0.074	0.074	0.087
调整后的 R^2	0.140	0.140	0.145	0.072	0.070	0.082
ΔR^2	0.143	0.002	0.007	0.074	0.001	0.013

注：参观者的理论知识在探索与教育动机和教育体验价值之间的调节效应检验涉及模型 1 至模型 3；参观者的理论知识在放松与逃避动机和审美体验价值之间的调节效应检验涉及模型 4 至模型 6。

为更直观地显示参观者的理论知识在探索与教育动机对教育体验价值影响中的调节作用，本书以高于均值一个标准差和低于均值一个标准差为基准，描述在不同理论知识条件下探索与教育动机和教育体验价值的互动关系。图 6-11 表明，相对于低的理论知识，具有更多理论知识时探索与教育动机对教育体验价值具有正向影响，且斜率更加陡峭。

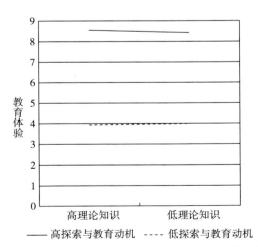

图 6-11　参观者的理论知识对"探索与教育动机—教育体验"的调节效应

二、参观者理论知识在放松与逃避动机对审美体验价值影响中的调节作用

检验参观者的理论知识在放松与逃避动机对审美体验价值影响中的调节作用，验证假设 H14b。在模型 4 中将放松与逃避动机作为自变量，在模型 5 中加入调节变量参观者的理论知识，在模型 6 中加入放松与逃避动机×理论知识交互项，之后进行分层回归分析，具体结果如表 6-11 所示。

由表 6-11 可知，在第 5 个模型加入理论知识的调节变量后，对审美体验价值的解释能力增加了 0.1% （$\Delta R^2 = 0.001$），在第 6 个模型中，加入交互项（放松与逃避动机×理论知识）后，对审美体验价值的解释能力增加了 1.3%（$\Delta R^2 = 0.013$），交互项（放松与逃避动机×理论知识）的显著性为 0.005 （< 0.01），达到了显著性标准，说明在放松与逃避动机影响审美体验价值的过程中，参观者的理论知识有调节作用。又因交互项（放松与逃避动机×理论知识）系数为 0.126 （>0），所以参观者的理论知识正向调节放松与逃避动机对审美体验价值的影响。因此，假设 H14b 部分通过验证。

为更直观地显示参观者理论知识在放松与逃避动机对审美体验价值影响中的调节作用，本书以高于均值一个标准差和低于均值一个标准差为基准，描述在不同理论知识条件下放松与逃避动机和审美体验价值之间的互动关系。图 6-12 表明，相对于低的理论知识，具有更多理论知识时放松与逃避动机对审美体验价值具有正向影响，且斜率更加陡峭。

三、参观者经验知识在探索与教育动机对审美体验价值影响中的调节作用

检验参观者的经验知识在探索与教育动机对审美体验价值影响中的调节作用，验证假设 H14a。在模型 1 中将探索与教育动机作为自变量，在模型 2 中加入调节变量参观者的经验知识，在模型 3 中加入探索与教育动机×经验知识交互项，之后进行分层回归分析，具体结果如表 6-12 所示。

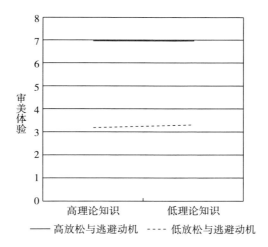

—— 高放松与逃避动机　- - - - 低放松与逃避动机

图 6-12　参观者的理论知识对"放松与逃避动机—审美体验"的调节效应

表 6-12　参观者的经验知识在动机和体验价值之间的调节效应

模型	审美体验价值			逃避现实体验价值		
	1	2	3	4	5	6
探索与教育动机	0.261 ***	0.261 ***	0.264 ***	0.263 ***	0.263 ***	0.266 ***
经验知识		0.040	0.040		0.087	0.088
探索教育×经验知识			0.161 *			0.151 *
F 值	33.483 ***	16.943 ***	12.698 ***	47.589 ***	25.384 ***	18.713 ***
R^2	0.058	0.058	0.065	0.080	0.085	0.093
调整后的 R^2	0.056	0.055	0.060	0.078	0.082	0.088
ΔR^2	0.058	0.001	0.007	0.080	0.005	0.008

注：参观者的经验知识在探索与教育动机和审美体验价值之间的调节效应检验涉及模型 1 至模型 3；参观者的经验知识在探索与教育动机和逃避现实体验价值之间的调节效应检验涉及模型 4 至模型 6。

根据表 6-12 可知，在第 2 个模型加入经验知识的调节变量后，对审美体验价值的解释能力增加了 0.1%（$\Delta R^2 = 0.001$），在第 3 个模型中，加入交互项（探索与教育动机×经验知识）后，对审美体验价值的解释能力增加了 0.7%（$\Delta R^2 = 0.007$），交互项（探索与教育动机×经验知识）的显著性为 0.045（<0.05），达到了显著性标准，说明在探索与教育动机影响审美体验价值的过程中，参观者的经验知识有调节作用，又因交互项（探索与教育动机×

经验知识）系数为 0.161（>0），所以参观者的经验知识正向调节探索与教育动机对审美体验价值的影响。因此，假设 H14a 部分通过验证。

为更直观地显示参观者的经验知识在探索与教育动机对审美体验价值影响中的调节作用，本书以高于均值一个标准差和低于均值一个标准差为基准，描述在不同经验知识条件下探索与教育动机和审美体验价值之间的互动关系。图 6-13 表明，相对于低的经验知识，具有更多经验知识时探索与教育动机对审美体验价值具有正向影响，且斜率更加陡峭。

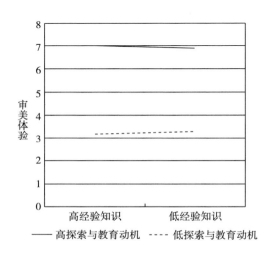

图 6-13　参观者的经验知识对"探索与教育动机—审美体验"的调节效应

四、参观者经验知识在探索与教育动机对逃避现实体验价值影响中的调节作用

检验参观者的经验知识在探索与教育动机对逃避现实体验价值影响中的调节作用，验证假设 H14a。在模型 4 中将探索与教育动机作为自变量，在模型 5 中加入调节变量参观者的经验知识，在模型 6 中加入探索与教育动机×经验知识交互项，之后进行分层回归分析，具体结果如表 6-12 所示。

根据表 6-12 可知，在第 5 个模型加入经验知识的调节变量后，对逃避现实体验价值的解释能力增加了 0.5%（$\Delta R^2 = 0.005$），在第 6 个模型中，加入交互项（探索与教育动机×经验知识）后，对逃避现实体验价值的解释能力增加了 0.8%（$\Delta R^2 = 0.008$），交互项（探索与教育动机×经验知识）的显著性为 0.026（<0.05），达到了显著性标准，说明在探索与教育动机影响逃避现实体验价值的过程中，参观者的经验知识有调节作用。又因交互项（探索与教育动机×经验知识）系数为 0.151（>0），所以参观者的经验知识正向调节探索与教育动机对逃避现实体验价值的影响。因此，假设 H14a 部分通过验证。

　　为更直观地显示参观者的经验知识在探索与教育动机对逃避现实体验价值影响中的调节作用，本书以高于均值一个标准差和低于均值一个标准差为基准，描述在不同经验知识条件下探索与教育动机和逃避现实体验价值之间的互动关系。图 6-14 表明，相对于低的经验知识，具有更多经验知识时探索与教育动机对逃避现实体验价值具有正向影响，且斜率更加陡峭。

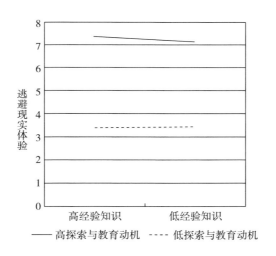

图 6-14　参观者的经验知识对"探索与教育动机—逃避现实体验"的调节效应

第六节　假设检验结果

本章以体验经济理论和价值共创理论为基础，在对已有文献进行梳理与回顾的基础上，通过深度访谈与理论论证构建了参观者动机视角下博物馆体验价值的概念模型，共提出 37 条假设，其中参观者动机对体验价值的影响假设共 12 条，通过验证 10 条路径；参观者动机对参与、互动的影响假设共 6 条，通过验证 4 条；参观者参与、互动对体验价值的影响假设共 8 条，通过验证 5 条路径；参观者体验价值对强化、内容生成的影响假设共 8 条，通过验证 6 条路径；参观者参与、互动在动机和体验价值之间的中介效应通过验证的有 7 条路径，参观者理论知识和经验知识分别在动机和体验价值之间的调节效应通过验证的有 4 条路径。

第七章 参观者体验价值的结果讨论

第六章实证检验了参观者体验价值的研究假设，本章将结合研究概念模型中变量之间的关系，对具体假设检验结果进行分析讨论，主要包括体验价值的前因讨论、体验价值共创的过程讨论以及体验价值的作用讨论三个部分。

第一节 体验价值的前因讨论

一、参观者动机对体验价值影响的假设结果分析讨论

Falk 和 Dierking（2000）在研究中指出，参观者的动机和先前的体验经历对博物馆体验价值有重要的影响。Antón 等（2017）在研究展望中指出，参观者动机是博物馆体验价值共创中被忽略的重要影响因素有待未来研究。本章中参观者动机对体验价值的假设验证结果有四个：

（1）参观者的各种动机都能提升其审美体验价值，且参观者的探索与教育动机对审美体验价值的提升最强（回归系数 0.218），其次是参观者的放松与逃避现实动机（回归系数 0.188），最后是参观者的社会交往动机（回归系数 0.113）。研究结果一方面说明样本所来自的博物馆无论是外部建筑还是内部装饰、展品呈现等都能带给参观者非常好的美感；另一方面说明怀有探索与教育动机的参观者到访博物馆获得的审美体验价值最好，之后依次是怀有放松与逃避动机和社会交往动机的参观者。

（2）参观者的社会交往动机和探索与教育动机都能明显提升参观者的教育体验价值，且参观者的探索与教育动机对教育体验价值（回归系数 0.218）的提升大于社会交往动机对教育体验价值（回归系数 0.116）的提升，但参观

123

者的放松与逃避动机对教育体验价值的影响不显著。研究结果说明博物馆的教育功能满足了怀有探索与教育动机和社会交往动机的参观者，而怀有放松与逃避动机的参观者一般是到博物馆休闲、放松和逃避日常生活的烦琐，所以可能对博物馆提供的教育体验不够敏感。

（3）参观者的各种动机都能提升其娱乐体验价值，且参观者的探索与教育动机对娱乐体验价值的提升最强（回归系数 0.201），其次是参观者的放松与逃避现实动机（回归系数 0.131），最后是参观者的社会交往动机（回归系数 0.123）。研究结果证实博物馆娱乐功能属性的凸显，参观者无论怀有何种动机走进博物馆都能获得很好的娱乐体验价值。

（4）参观者的探索与教育动机和放松与逃避动机都能明显提升参观者的逃避现实体验价值，且参观者的探索与教育动机对逃避现实体验价值（回归系数 0.174）的提升大于放松与逃避动机对逃避现实体验价值（回归系数 0.091）的提升，但参观者的社会交往动机对逃避现实体验价值的影响不显著。研究结果说明怀有探索与教育动机的参观者在博物馆获得的体验感较全面。怀有放松与逃避现实动机的参观者如愿获得期望的逃避现实体验价值，而怀有社会交往动机的参观者更多的是为了陪伴朋友或家人，所以他们一般对逃避现实体验不够敏感。

二、参观者动机对参与、互动影响的假设结果分析讨论

动机常被描述为一种心理需求或欲望，这种需求或欲望会激发、引导和整合一个人的行为和活动轨迹（Dann，1981）。同时，动机也是顾客消费行为的一个基本要素，是影响消费者行为的一个重要方面。本章中参观者动机对参与和互动的假设检验有两个：

（1）参观者的社会交往动机和探索与教育动机明显促进了其参与行为的发生，且参观者的探索与教育动机（回归系数 0.369）对其参与行为的促进作用大于社会交往动机对其参与行为的作用（回归系数 0.108），而参观者的放松与逃避动机对其参与行为没有明显的影响。研究结果说明这些博物馆提供的相关参与活动更容易吸引怀有社会交往动机和探索与教育动机的参观者，而怀有放松与逃避动机的参观者对这些参与活动则不够敏感。

（2）参观者的探索与教育动机和放松与逃避动机都明显促进了其互动行

为的发生，且参观者的探索与教育动机（回归系数0.228）对互动行为的促进作用大于放松与逃避动机对互动行为的作用（回归系数0.095），参观者的社会交往动机对其互动行为没有明显的影响。研究结果说明怀有探索与教育动机和放松与逃避动机的参观者更愿意与工作人员之间互动，也更愿意和其他参观者之间互动或利用智能设备互动。而怀有社会交往动机的参观者到博物馆一般是和朋友或家人一起，他们对博物馆组织的互动活动并不热衷。此外，怀有放松与逃避动机的参观者对互动行为有推动作用，而对参与行为没有推动作用，可能的原因是，怀有放松与逃避动机的参观者面对日常生活的压力与烦杂，更愿意投入与工作人员或其他参观者或利用智能设备的互动中，他们更倾向于参加各种互动活动。

第二节　体验价值共创的过程讨论

一、参观者参与、互动对体验价值影响的假设结果分析讨论

Grissemann 和 Stokburg-sauer（2012）在研究中指出，游客间的积极互动促进了他们体验价值的提升。Tzibazi（2013）在研究中认为，参与显著地促进了博物馆年轻人的体验价值。本章中参观者参与和互动对其体验价值的实证检验结果有两个：

（1）参观者互动对其各种体验价值都有明显的促进作用，且参观者互动对其审美体验价值的促进最强（回归系数0.341），之后依次是对逃避现实体验价值（回归系数0.263）、娱乐体验价值（回归系数0.140）和教育体验价值（回归系数0.110）。

（2）参观者参与仅对其教育体验价值有明显的促进作用（回归系数0.193），但参观者参与对其他体验价值没有明显的影响。研究结果说明，在博物馆的参观过程中，积极的与工作人员互动、与其他参观者互动以及利用智能设备互动能有效提升参观者的各体验价值，而积极的参与只能提升参观者的教育体验价值，积极的参与对其他体验价值影响不显著可能的原因是，博物馆的互动项目带给了参观者更深层次的体验，互动活动比参与活动对参观者更有吸引力。

二、参观者参与和互动的中介效应假设结果分析讨论

Prahalad（2003）在研究中指出，消费者往往以个性化的参与或互动主动构建属于自己的体验价值。Hoyer（2010）在研究中指出，消费者的个性特征、动机等因素对其参与和互动行为有影响。本章中参观者参与、互动在动机和体验价值之间的中介效应检验结果有三个：

（1）参观者的参与、互动在探索与教育动机和教育体验价值之间发挥双重中介效应，研究结果说明怀有探索与教育动机的参观者通过博物馆提供的参与活动和互动活动共同提升了其教育体验价值，且参与活动在这个过程中的中介效应值（16.05%）大于互动活动的中介效应值（11.11%），进一步说明在探索与教育动机对其教育体验价值的影响中，参与活动的中介作用大于其互动活动的中介作用。

（2）参观者的互动在探索与教育动机和审美体验价值之间、探索与教育动机和娱乐体验价值之间、探索与教育动机和逃避现实体验价值之间、放松与逃避动机和审美体验价值之间、放松与逃避动机和逃避现实体验价值之间存在部分中介效应，研究结果进一步指出：首先是互动在探索与教育动机和审美体验价值之间的部分中介效应占比为39.2%、在探索与教育动机和娱乐体验价值之间的部分中介效应占比为16.73%、在探索与教育动机和逃避实现体验价值之间的部分中介效应占比为24.39%、说明互动在探索与教育动机影响审美体验价值的路径中中介效应最大；其次是探索与教育动机影响逃避现实体验价值的路径；最后是探索与教育动机影响娱乐体验价值的路径。此外，参观者的互动在放松与逃避动机和审美体验价值之间的部分中介效应占比为18.65%，在放松与逃避动机和逃避现实体验价值之间的部分中介效应占比为20.95%，说明参观者的互动在放松与逃避动机影响逃避现实体验价值的路径中的中介效应大于放松与逃避动机影响审美体验价值路径中的中介效应，以上中介效应的分析结果说明了在参观者动机影响其体验价值过程的路径情况及其重要程度。

（3）参观者参与、互动在其他动机和体验价值之间的中介效应不显著的原因有三个：一是主效应中动机对体验价值的影响不显著，例如，参观者的社会交往动机对其逃避现实体验价值、放松与逃避动机对教育体验价值影响

都不显著；二是参观者动机对其互动、参与的影响不显著，例如，参观者的社会交往动机、放松与逃避动机对其参与，社会交往动机对其互动影响都不显著；三是参观者参与、互动对其体验价值的影响不显著，如参与对其审美体验价值、娱乐体验价值及逃避现实体验价值影响都不显著。

三、参观者知识的调节效应假设结果分析讨论

很多学者在研究中指出，参观者的动机、知识和个性特征都会影响到他们在旅游目的地的体验价值。Prebensen 等（2014）在研究中指出旅游动机、知识和参与对消费者的度假体验价值有重要影响。本章中参观者知识在动机和体验价值之间的调节效应假设检验结果有三个：

（1）参观者理论知识在探索与教育动机和教育体验价值之间、在放松与逃避动机和审美体验价值之间存在正向调节效应，研究结果说明，对艺术/历史/科学感兴趣或有这方面丰富知识的参观者更容易促进其探索与教育动机对教育体验价值的影响，也更容易促进放松与逃避动机对审美体验价值的影响。

（2）参观者经验知识在探索与教育动机和审美体验价值之间、探索与教育动机和逃避现实体验价值之间有正向调节效应，研究结果说明，经常走进博物馆、经常参加一些展览或经常参加一些文旅活动的参观者对探索与教育动机和审美体验价值之间、对探索与教育动机和逃避现实体验价值之间的影响都有促进作用。

（3）参观者理论知识和经验知识在其他动机和体验价值之间的调节效应不显著，可能的原因有两个：一是动机对体验价值的影响本身就不显著；二是参观者知识背景差异导致参观体验价值的差异所致。

第三节　体验价值的作用讨论

一、参观者体验价值对内容生成的假设结果讨论

Xiang 和 Gretzel（2010）在研究中指出，参观者通过旅游网站和社交媒体等分享和评论他们的体验价值，传播他们参观的视频和图片，这为其他参观

者提供了重要的信息来源，甚至影响了他们的旅游决策。本章中参观者体验价值对其内容生成的实证检验结果有两个：

（1）参观者的教育体验价值和逃避现实体验价值都能增强参观后的内容生成行为意愿，且参观者的教育体验价值（回归系数 0.213）比逃避现实体验价值（回归系数 0.111）更能增强参观后的内容生成，研究结果说明参观者在博物馆所获得的教育体验和逃避现实体验更能增强他们的分享与传播意愿。

（2）参观者的娱乐体验价值和审美体验价值对内容生成影响不显著，可能的原因是博物馆带给参观者更多的是教育体验，他们所感知的娱乐体验和审美体验一般，所以没有进行分享与传播的意愿。

二、参观者体验价值对强化的假设结果讨论

当参观者获得好的体验时，他们的参与度会非常积极，并期待参加未来的一些访问活动（Harrison，2001）。Hosany 和 Witham（2010）在研究中指出，游客获得的体验价值会影响他们未来的行为意愿。本章中参观者体验价值对其强化的实证检验结果表明：参观者的各体验价值都能增强参观后的强化行为意愿，且参观者的教育体验价值（回归系数 0.242）对强化的提升最强，之后依次是娱乐体验价值（回归系数 0.226）、逃避现实体验价值（回归系数 0.223）和审美体验价值（回归系数 0.215），研究结果说明参观者在博物馆获得的各种体验价值都提升了他们再次参加博物馆未来活动的意愿。

第八章 主要研究结论与展望

社会发展和科技进步使博物馆不断被重新定位，博物馆已经从一个静态的藏品仓库变成一个动态的供人们学习、休闲、娱乐的社交场所（Hooper-Greenhill，1994）。博物馆的重心也逐渐从藏品管理转向参观者管理，参观者日渐成为博物馆与社会之间连接的重要桥梁（Cunnell 和 Prentice，2000；Gustaffson 和 Ijla，2017）。在此背景下，本书围绕"博物馆参观者体验价值"问题展开，探索"参观者动机视角下博物馆体验价值的相关问题"，揭示"参观者动机视角下博物馆体验价值的影响与作用机理"，为更好地设计、挖掘、提供积极的博物馆体验，持续提升博物馆的吸引力，且为博物馆的管理决策与文化管理部门出台相关的文化政策提供理论支持。

第一节 主要研究结论

一、参观者的探索与教育动机、社会交往动机及放松与逃避动机是博物馆体验价值的前因

本书结果表明，参观者的探索与教育动机对其各体验价值都有增强作用，参观者的社会交往动机对其审美体验价值、教育体验价值及娱乐体验价值都有增强作用，参观者的放松与逃避动机对其审美体验价值、娱乐体验价值及逃避现实体验价值都有增强作用。其中，参观者的动机对体验价值的直接影响与以往学者的研究结果一致（Yoon 和 Uysal，2005），参观者的探索与教育动机对教育体验价值的影响结果与以往学者的研究结果类似（Allan 等，2016；Elliot 和 Dweck，2005）。参观者的社会交往动机对其逃避现实体验价值没有增

强作用，参观者的放松与逃避动机对其教育体验价值没有增强作用。

此外，参观者的探索与教育动机对其参与和互动行为都有促进作用，这与以往学者研究的结果类似（Alt，2018；Nambisan 和 Baron，2009）；参观者的放松与逃避动机对其互动有促进作用，但参观者的放松与逃避动机对其参与没有促进作用；参观者的社会交往动机对其参与有促进作用，这与以往学者研究的结果基本一致（Chen 等，2020；Chiu，2006；Jin 等，2020；Nambisan 和 Baron，2009；Park 和 Chon，2011；Wang 和 He，2005；刘珺，2018；王莉和方澜，2007；王新新和薛海波，2008），但参观者的社会交往动机对其互动行为没有促进作用。

二、参观者的参与和互动是博物馆体验价值共创的核心要素

本书结果表明，参观者的互动行为对其各体验价值都有提升作用，参观者的参与行为仅对其教育体验价值有提升作用，这与 Antón 等（2017）的研究结果有一定差别，Antón 等（2017）在研究中指出，参观者的互动行为仅对其教育体验价值有提升作用，参观者的参与行为对其逃避现实体验价值、教育体验价值及娱乐体验价值都有提升作用，参观者的参与和互动行为对其审美体验价值都没有提升作用。研究结果差异可能的原因是，与 Antón 等（2017）研究中访客所到的博物馆相比，本书中博物馆的互动项目带给了参观者更多的体验，互动活动比参与活动更能提升参观者的各种体验价值。

Falk 和 Dierking（2000）在研究中指出，参观者的互动和参与是其获得各种体验的关键。本书结果表明，参观者的参与、互动在探索与教育动机和教育体验价值之间发挥双重中介效应，这与 Falk 和 Dierking（2000）在研究中对参与和互动行为的描述一致，同时说明怀有探索与教育动机的参观者通过参与和互动行为增强了其参观的教育体验价值。参观者的互动在探索与教育动机和审美体验价值之间、探索与教育动机和娱乐体验价值之间、探索与教育动机和逃避现实体验价值之间、放松与逃避动机和审美体验价值之间以及放松与逃避动机和逃避现实体验价值之间发挥部分中介效应，研究结果揭示了参观者的参与和互动不仅是参观者动机和体验价值之间的关键因素，也是博物馆体验价值共创过程的核心要素（Antón 等，2017；Bilgihan 等，2015；Vega-Vazquez，2013）。

三、参观者的内容生成和强化是博物馆体验价值的主要结果

参观结束后参观者的行为意愿是影响博物馆未来竞争力的一个重要因素（Falk 等，2000），Antón 等（2017，2019），通过内容生成和强化两个指标来衡量参观后的行为意愿，目的是尽其所能让更多的参观者愿意走进博物馆，让他们在抵达时感受到欢迎，让他们在逗留期间得到愉快体验，当他们离开时，他们渴望再回来并主动分享和传播各种体验。研究结果表明参观者的体验价值对内容生成的影响与 Antón 等（2017）的研究结果一致，即参观者的逃避现实体验价值和教育体验价值对内容生成都有正向促进作用，说明这两个研究中参观者获得的逃避现实体验价值和教育体验价值促进了其更多的分享与传播。参观者体验价值对强化的影响并不一致，本书中参观者的各体验价值对强化都有正向影响，而 Antón 等（2017）在研究中表明参观者的审美体验价值和娱乐体验价值对强化都没有显著影响，研究结果差异的可能原因是，与 Antón 等（2017）研究中的博物馆体验相比，本书中的博物馆带给参观者的审美体验和娱乐体验价值更能促使其期待参加未来的博物馆活动或网上收集博物馆更多的相关信息。

四、参观者的理论知识和经验知识是动机对体验价值影响的边界条件

本书结果指出：参观者的理论知识在探索与教育动机和教育体验价值之间、放松与逃避动机和审美体验价值之间存在调节效应，参观者的经验知识在探索与教育动机和审美体验价值之间、探索与教育动机和逃避现实体验价值之间存在调节效应，研究结果说明，对艺术/历史/科学感兴趣的参观者应该更容易促进其探索与教育动机对教育体验价值的影响，也容易促进放松与逃避动机对审美体验价值的影响。而经常参加文化活动或经常走进博物馆的参观者对探索与教育动机和审美体验价值之间，对探索与教育动机和逃避现实体验价值之间的关系都有促进作用。

第二节　理论贡献

一、基于参观者动机视角，促进博物馆体验价值的理论建构

尽管博物馆参观者体验价值的研究已经引起一些学者的关注（Antón 等，2017；Minkiewicz 等，2014；Simon，2010），但相关研究仍处在问题描述和现象解读阶段，实证研究比较缺乏。本书从参观者动机视角较为全面地讨论了博物馆体验价值的前因、共创核心要素及结果，经实证分析所得到的主要研究结论有助于更好地理解博物馆体验价值的影响因素与作用机理，也使博物馆体验价值的相关问题从问题描述和现象解读阶段层面上升到机理探究与实证分析层面。在研究思路上，本书对 Antón 等（2017）在未来展望提出的研究问题进行了回应，即参观者动机是影响体验价值的前因有待进行探索。之后根据访谈资料和相关文献提出研究假设并构建了参观者动机视角下博物馆体验价值的研究框架，相关研究不仅丰富了博物馆体验价值的实证成果，而且促进了博物馆体验价值的理论建构。

二、立足新的研究情景，丰富体验经济理论和价值共创理论

近年来，随着越来越多的人走进博物馆，参观者对体验的要求越来越高。本书基于体验经济理论和价值共创理论，比较全面地探索了博物馆体验价值的前因与结果，经过实证检验得出参观者动机对体验价值、参与和互动对体验价值、体验价值对强化和内容生成的影响，同时验证了参与和互动在参观者动机和体验价值之间的部分中介效应，参观者的理论知识和经验知识在动机和体验价值之间的调节效应。此外，营销与旅游领域一些学者指出参与和互动是价值共创的核心因素，本书通过文献梳理与实证分析发现上述机制同样适用于博物馆体验价值的共创中，从而进一步确定了参与和互动作为体验价值共创的核心要素，以上主要研究结论进一步丰富了体验经济理论和价值共创理论。

三、关注博物馆体验价值的前因与结果，拓展参观者动机的相关研究

游客的动机决定了旅行的原因、特定旅游目的地的选择以及游客对旅行体验的总体满意度（Scholtz 等，2015）。动机一直被证明是旅游业和酒店业的核心概念，许多学者在动机概念和实证方面进行了深入探索（Albayrak 和 Caber，2018；Han 和 Hyun，2018；Wu 和 Pearce，2017）。已有研究缺乏具体动机对参与、互动及体验价值的影响研究，本书实证分析了参观者动机对参与、互动、体验价值的影响。其中参观者的探索与教育动机、放松与逃避动机促进了其互动行为的发生，而参观者的探索与教育动机仅促进了参与行为的发生。参观者的探索与教育动机提升了其各种体验价值，社会交往动机提升了其审美体验价值、教育体验价值及娱乐体验价值，放松与逃避动机提升了其审美体验价值、逃避现实体验价值及娱乐体验价值。以上相关变量之间的关系探索进一步拓展了动机的相关研究。

第三节　管理启示

一、重新定位博物馆

传统上的博物馆的主要功能是教育和学习功能，人们走进博物馆最主要的是接受教育与学习各种知识。博物馆主要关注它们拥有的展品数量，当对参观者开放时管理人员更希望保护好它们的展品（Huy 等，2018）。随着经济与社会的发展，博物馆的功能也一直在调整，现在的博物馆已经成为一个供人们学习、娱乐的社交场所，博物馆和休闲领域的其他文化场所展开了激烈竞争（Manna 和 Palumbo，2018；VomLehn，2006）。从本书所获取的样本数据来看，参观者到访博物馆均值在 3 次以上的动机有探索与教育动机、社会交往动机，除了传统的探索与教育动机外，参观者的社会交往动机得分也比较高，说明人们对博物馆的印象已不仅仅是教育机构，在参观者的内心深处，越来越多的人把博物馆视为一个社交和娱乐场所。此外，参观博物馆的各体验价

值得分都比较高，说明博物馆可以给参观者带来了很好的体验感知。博物馆是城市中非常有吸引力的旅游休闲目的地，参观博物馆已经成为人们的一种生活习惯，这就促使博物馆的管理与工作人员要不断适应博物馆变化的角色、调整运营的策略，给博物馆以重新定位，并通过体验价值共创的方式让参观者获得更多新的体验价值，以更好的满足参观者的各种需求。

二、吸引并引导参观者积极互动

人们进入博物馆已经不满足于被动的参观，在各种参观动机的驱动下，人们会更加主动的通过参与或互动来获得各种体验价值和参观需求（Prebensen 等，2013）。参观者的参与更多的是一种主观愿望或行为，他们希望参加到博物馆的一些活动中，或者被邀请参加博物馆的一些活动。参观者的互动一般是在博物馆工作人员的引导和安排下，参观者与工作人员的互动、参观者与其他参观者之间的互动以及参观者利用博物馆的智能设备互动，通过参观者积极的互动可以极大的提升参观者的各体验价值。同时研究发现互动已经成为参观者获得体验的关键因素，这就要求管理人员要不断优化设计参观的模式，以吸引和鼓励更多的参观者去参与博物馆安排的活动，并积极投入各种互动项目中，以满足参观者日益增长的多元化需求。

三、重视博物馆参观前与参观后的管理

博物馆情景下参观者的体验价值始于参观前，在参观结束后会继续进行。参观者动机和知识是博物馆参观前重要的前因要素（Falk 和 Dierking，2000；Hein 和 Alexander，1998）。本书实证结果指出，参观者知识是体验价值影响因素中的重要变量。走进博物馆的参观者，他们可能经常参加各种文旅活动或博物馆的展览活动，他们也可能对艺术、历史等知识很感兴趣或者有丰富的历史、文化等知识，他们已有的理论知识或经验知识将会影响他们整个参观过程的体验，所以博物馆管理人员应关注参观者的知识背景，从参观者的知识背景可以引导人们参观不同的展览，使博物馆的展览空间效应和经济效应最大化。本书还指出，无论参观者怀有何种动机走进博物馆都能获得好的审美体验感知，怀有探索与教育动机的参观者将更容易获得教育体验价值、娱

乐体验价值和逃避现实体验价值，怀有放松与逃避动机的参观者将更容易获得逃避现实体验价值，所以参观者动机与参观者知识一样，都是博物馆应该重视管理的前因要素。此外，从参观者体验价值对内容生成、强化的内在影响来看，当参观结束后，带着获得的体验和快乐，参观者可能非常期待参与博物馆下一步安排的活动，也可能从网上寻找更多博物馆的信息或在社交网络上进行讨论交流。还可能在参观期间适时分享朋友圈，在参观者过程中有什么好的建议或意见也可能给博物馆提出。所以当参观者离开博物馆后，博物馆工作人员的工作仍要继续，在网络平台和参观者互动区域继续与参观者互动，获得他们参观后的感受、分享以及建议，重视博物馆参观后管理，为吸引他们下次参观或引导更多的参观者来访做准备。

四、开展博物馆相关知识普及与宣传，不断提升博物馆的吸引力

一些参观者可能很少参加文化类活动，为更好地服务好这些参观者的首次博物馆之旅，工作人员应该安排在博物馆入口处或者专门的区域展示相关的宣传视频，让第一次走进博物馆的参观者在最短的时间内普及相关的知识，这样可以更好地提升参观者的体验价值。作为承载中华优秀文化的重要空间载体，博物馆应经常性地开展相关知识的普及宣传活动，主动走进社区开展相关的公益活动，适时走进课堂开展相关的科普知识活动，有计划地走进工厂举行相应的文化活动，消除人们与博物馆的距离感，让人们感觉到博物馆就在他们身边。此外，自 2007 年起，公立博物馆已经实现全免费开放，民营博物馆收费也相对较低（与其他文化场所相比），为了博物馆能更好地运营，博物馆需要借助市场营销的思维进行全方位的管理，让更多的人了解博物馆、信任博物馆、走进博物馆、好评博物馆，并乐意选购博物馆的文创产品，使博物馆对公众的吸引力越来越大，可持续发展之路越来越好。

第四节　研究局限与未来展望

一、研究局限

本书对博物馆参观者体验价值的相关探索具有一定的参考价值，然而在研究内容与方法上仍存在一些需要完善的问题，主要局限在以下三个方面：

第一，本书的样本来自成都市4家国有博物馆（成都博物馆、金沙遗址博物馆、武侯祠博物馆和杜甫草堂博物馆）与3家民营博物馆（许燎源博物馆、建川博物馆、三和老爷车博物馆），选择这7家博物馆作为调研目的地是因为这7家博物馆在成都比较知名、参观人数较多，但主要研究结论也可能会受到样本的地域与文化背景的影响且本研究中未加以区分国有博物馆和民营博物馆的样本。因此，为进一步验证本研究的主要结论，未来研究可以考虑增加不同区域的研究样本并做国有博物馆与民营博物馆样本的比较研究。此外，在样本的选择上也没有区分是首次的参观者或重复的参观者或转型为志愿者的参观者，不同情境下的参观者在获得体验价值的意愿方面可能会有差异，未来研究将做精准的区分，从而得到更加科学的研究结论。

第二，在文献综述与研究假设之间增加了参观者体验价值初始命题的提出，通过对部分参观者的访谈资料进行扎根编码得出初步的研究命题。通过对深度访谈资料的提炼可以识别本研究中关键变量的具体类别并为研究假设的提出提供更翔实的支撑材料。这一章是在参考一些学者处理类似问题上的做法（董京京，2019；韩箫亦，2020；令狐克睿，2019）作出的安排。限于整个内容和结构的安排，扎根分析还有待进一步加强，未来将会对本部分的探索展开相对独立的研究。

第三，结合以往文献和深度访谈资料把参观者的知识进一步归纳为参观者的理论知识和经验知识，并按照科学的程序进行了验证。其他领域也常有将知识进一步细分的相关研究（Asheim 和 Coenen，2005；Nonaka，1991），未来研究可以进一步深入探索参观者知识背景的细分对体验价值过程的影响。

二、未来展望

体验价值的研究是近些年来的热点，博物馆是城市中主要的文化消费目的地之一，未来研究可以从以下三个方面进行展开：

第一，本书基于体验经济理论和价值共创理论考察了动机对体验价值的影响，并验证参观者参与和互动在动机和体验价值之间的中介效应。在实践中，参观者的行为一方面可以分为参与和互动这两种形式，还可以从其他方面对参观者的行为进行细分，例如，有学者提出的"蚂蚁、蝴蝶、鱼和蚱蜢"这四种参观行为，其中"蚂蚁"式参观者在博物馆里会走很长的路，他们愿意走很多路，同时愿意花很多时间参观展品，他们对博物馆里的展品基本都感兴趣，他们对展品的细节也很感兴趣，他们愿意听讲解员讲解，而且人多并不会影响他们的参观热情；"蝴蝶"式参观者有兴致参观所有的展览，他们的参观路径可以随时定向，如果某一展览参观人比较多，他们会选择等待之后再过去参观，他们也愿意听讲解员讲解，如果展品之间的距离很近，他们会很压抑；"鱼"式参观者不愿意在博物馆里走很多的路，他们更喜欢站在展厅的中心，他们不愿意听讲解员讲解，人太多他们会很反感；"蚱蜢"式参观者对博物馆的展品比较熟悉，他们参观前有明确的计划和偏好，他们不愿意听讲解员讲解，他们为了参观自己想看的展品，愿意走很长的路（Tsiropoulou等，2017；Zancanaro等，2007）。这几种参观行为如何影响参观者的体验价值，未来研究可以进一步检验这四种参观行为对体验价值各因素的影响。

第二，本书基于体验经济理论和价值共创理论考察了动机对体验价值的影响，并验证了参观者的理论知识和经验知识在动机和体验价值之间的调节效应。在实践中，参观者的知识背景会影响参观者的动机，参观者的动机进而会影响参观博物馆的计划，那么参观者的知识、动机、计划之间的关系究竟如何？未来研究可以进一步分析这些变量之间的关系及它们之间的作用机理，从而为体验经济理论和价值共创理论创造新的边际贡献。

第三，本书实证检验了参观者参与和互动在动机和体验价值之间存在的部分中介效应。体验价值是否可能在动机与强化、动机与内容生成之间发挥中介作用？是否也可能在参与、互动与强化、内容生成之间发挥中介效应？如果有相关文献支撑并且实证检验通过，那么参观者的动机将通过参与和互动行为、体验价值最终影响参观后的强化和内容生成，这种概念模型是典型的链式中介概念模型，具有非常重要的理论意义和实践意义，在未来研究中可以通过文献梳理与实证检验是否可能存在这种情况，为博物馆参观者体验价值的影响与作用机理分析提供更多的视角。

参考文献

［1］Aalst Van I, Boogaarts I. From Museum to Mass Entertainment: The Evolution of the Role of Museums in Cities Repeat Visitation in Mature Sun and Sand Holiday Destinations ［J］. European Urban and Regional Studies, 2004, 9 (3): 195-209.

［2］Adongo C, Anuga S, Dayour F. Will They Tell Others to Taste? International Tourists' Experience of Ghanaian Cuisines ［J］. Tourism Management Perspectives, 2015 (15): 57-64.

［3］Albayrak T, Caber M. Examining the Relationship between Tourist Motivation and Satisfaction by Two Competing Methods ［J］. Tourism Management, 2018, 69 (2): 201-213.

［4］Ali F, K Ryu, K Hussain. Influence of Experiences on Memories, Satisfaction and Behavioral Intentions: A Study of Creative Tourism ［J］. Journal of Travel and Tourism Marketing, 2016, 33 (1): 85-100.

［5］Allan M, Altal Y. Museums and Tourism: Visitors Motivations and Emotional Involvement ［J］. Mediterranean Archaeology and Archaeometry, 2016, 16 (3): 43-50.

［6］Allan M. Disability Tourism: Why do Disabled People Engaging in Tourism Activities ［J］. European Journal of Social Sciences, 2013, 39 (3): 480-486.

［7］Allan M. Why do Jordanian Tourists Travel Abroad? Push and Pull Theory Perspective ［J］. Dirasat, Human and Social Sciences, 2014, 41 (1): 662-669.

［8］Alt D. Students' Wellbeing, Fear of Missing Out, and Social Media Engagement for Leisure in Higher Education Learning Environments［J］. Current Psychology, 2018, 37 (1): 128-138.

［9］Alves H, Ferreira J J, Fernandes C I. Customer's Operant Resources Affects on Co-creation Activities［J］. Journal of Innovation and Knowledge, 2016, 1 (2): 69-80.

［10］Anderson J C, Gerbing D W. Structural Equation Modeling in Practice: A Review and Recommended Two-step Approach［J］. Psychological Bulletin, 1988, 103 (3): 411-423.

［11］Andersson T D. The Tourist in the Experience Economy［J］. Scandinavian Journal of Hospitality and Tourism, 2007, 7 (1): 46-58.

［12］Andrades L, Dimanche F. Co-creation of Experience Value: A Tourist Behavior Approach［A］. In N. Prebensen, J. Chen, and M. Uysal (Eds.), Creating Experience Value in Tourism. London: CABI, 2014: 95-112.

［13］Antón C, C Camarero, M Laguna-García. Experience Value Or Satiety? The Effects of the Amount and Variety of Tourists'Activities on Perceived Experience［J］. Journal of Travel Research, 2017, 57 (7): 920-935.

［14］Antón C, Camarero C, Garrido M J. Exploring the Experience Value of Museum Visitors as a Co-creation Process［J］. Current Issues in Tourism, 2017, 21 (12): 1406-1425.

［15］Antón C, Camarero C, Garrido M J. What to do After Visiting a Museum? From Post-consumption Evaluation to Intensification and Online Content Generation［J］. Journal of Travel Research, 2019, 58 (6): 1052-1063.

［16］Asheim B T, Coenen L. Knowledge Bases and Regional Innovation Systems: Comparing Nordic Clusters［J］. Research Policy, 2005, 34 (8): 1173-1190.

［17］Assiouras I, Skourtis G, Giannopoulos A, et al. Value Co-creation and Customer Citizenship Behavior［J］. Annals of Tourism Research, 2019 (78): 102742.

［18］Axelsen M, Swan T. Designing Festival Experiences to Influence Visitor Perceptions: The Case of a Wine and Food Festival［J］. Journal of Travel Research, 2010, 49 (4): 436-450.

［19］Ayeh J，N Au，R Law. Predicting the Intention to Use Consumer-generated Media for Travel Planning［J］. Tourism Management，2013（35）：132-143.

［20］Bagozzi R P，Yi Y. On the Evaluation of Structural Equation Models［J］. Journal of the Academy of Marketing Science，1988，16（1）：74-94.

［21］Baker D A，J L Crompton. Quality，Satisfaction and Behavioral Intentions［J］. Annals of Tourism Research，2000，27（3）：785-804.

［22］Ballantyne D，Williams J，Aitken R. Introduction to Service-domination Logic：From Proposition to Practice［J］. Industrial Marketing Management，2011，40（2）：179-180.

［23］Baron R M，Kenny D A. The Moderator-mediator Variable Distinction in Social Psychological Research：Conceptual，Strategic，and Statistical Considerations［J］. Journal of Personality and Social Psychology，1986，51（6）：1173-1183.

［24］Barroso Castro C，E Martín Armario，D Martín Ruiz. The Influence of Market Heterogeneity on the Relationship between a Destination's Image and Tourists' Future Behavior［J］. Tourism Management，2007，28（1）：175-187.

［25］Barsky J，Nash L. Evoking Emotion：Affective Keys to Hotel Loyalty［J］. The Cornell Hotel and Restaurant Administration Quarterly，2002，43（1）：39-46.

［26］Baumgartner H，Homburg C. Applications of Structural Equation Modeling in Marketing and Consumer Research：A Review［J］. International Journal of Research in Marketing，1996，13（2）：139-161.

［27］Beeho，Preniice. Quality，Satisfaction and Behavioral Intentions［J］. Annals of Tourism Research，1997，27（3）：785-804.

［28］Beerli A，J D Martín. Factor Influencing Destination Image［J］. Annals of Tourism Research，2004，31（3）：657-681.

［29］Bentler P M，Chou C P. Practical Issues in Structural Modeling［J］. Sociol Method Research，1987（16）：78-117.

［30］Bernd H Schmitt. Experiential Marketing［M］. New York：The Free Press，1999.

［31］Bharti K, Agrawal R, Sharma V. Value Co-creation: Literature Review and Proposed Conceptual Framework ［J］. International Journal of Market Research, 2015, 57（4）: 571-603.

［32］Bharwani S, Jauhari V. An Exploratory Study of Competencies Required to Co-create Memorable Customer Experiences in the Hospitality Industry ［J］. International Journal of Contemporary Hospitality Management, 2013, 25（6）: 823-843.

［33］Bilgihan A, Nusair K, Okumus F, et al. Applying Flow Theory to Booking Experiences: An Integrated Model in an Online Service Context ［J］. Information and Management, 2015（52）: 668-678.

［34］Binkhorst E, Den Dekker T. Agenda for Co-creation Tourism Experience Research ［J］. Journal of Hospitality Marketing and Management, 2009, 18（2-3）: 311-327.

［35］Black G. Meeting the Audience Challenge in the Age of Participation ［J］. Museum Management and Curatorship, 2018, 33（4）: 302-319.

［36］Blackwell R D, Miniard P W, Engel J F. Consumer Behavior（9th Edition）［M］. Hartcourt: Orlando F L, 2001.

［37］Bogari N. B, Crowther C, Marr N. Motivation for Domestic Tourism: A Case Study of the Kingdom of Saudi Arabia ［J］. Tourism Analysis, 2003, 8（2-4）: 137-141.

［38］Bollen K A. Structural Equations With Latent Variables ［M］. New York: John Wiley and Sons, 1989.

［39］Booth B. Understanding the Information Needs of Visitors to Museums ［J］. Museum Management and Curatorship, 1998, 17（2）: 139-157.

［40］Booth E, Powell R. Museums: From Cabinets of Curiosity to Cultural Shopping Experiences ［C］.//V Katsoni, A Stratigea（Eds.）. Tourism and Culture in the Age of Innovation. Springer Proceedings in Business and Economics. Cham: Springer, 2016: 131-143.

［41］Bowsijk A, Thijssen T, Peelen E. The Experience Economy: A New Perspective ［M］. Amsterdam: Pearson Education Benelux, 2007.

［42］Brakus J J, Schmitt B H, Zarantonello L. Brand Experience: What is

It? How is it Measured? Does it Affect Loyalty〔J〕. Journal of Marketing, 2009, 73（3）: 52-68.

〔43〕 Brida J G, Pulina M, Riaño E M M. Measuring Visitor Experiences at a Modern Art Museum and Linkages to the Destination Community〔J〕. Journal of Heritage Tourism, 2012, 7（4）: 285-299.

〔44〕 Brida Juan Gabriel, Marta Disegna, Raffaele Scuderi. The Behaviour of Repeat Visitors to Museums: Review and Empirical Findings〔J〕. Qual Quant, 2014（48）: 2817-2840.

〔45〕 Brislin R W. Back-translation for Cross-cultural Research〔J〕. Journal of Cross-cultural Psychology, 1970, 1（3）: 185-216.

〔46〕 Brodie R J, Hollebeek L D, Juric B, et al. Customer Engagement: Conceptual Domain, Fundamental Propositions, and Implications for Research〔J〕. Journal of Service Research, 2011, 14（3）: 252-271.

〔47〕 Buhalis D, Sinarta Y. Real-time Co-creation and Nowness Service: Lessons from Tourism and Hospitality〔J〕. Journal of Travel and Tourism Marketing, 2019, 36（5）: 563-582.

〔48〕 Burton C, Louviere J, Young L. Retaining the Visitor, Enhancing the Experience: Identifying Attributes of Choice in Repeat Museum Visitation〔J〕. International Journal of Nonprofit and Voluntary Sector Marketing, 2009, 14（1）: 21-34.

〔49〕 Busser J A, Shulga L V. Involvement in Consumer-generated Advertising: Effects of Organizational Transparency and Brand Authenticity on Loyalty and Trust〔J〕. International Journal of Contemporary Hospitality Management, 2019, 31（4）: 1763-1784.

〔50〕 Buzinde Christine N, Vogt Christine A, Andereck Kathleen L, et al. Tourism Students' Motivational Orientations: The Case of Vietnam〔J〕. Asia Pacific Journal of Tourism Research, 2018, 23（1）: 68-78.

〔51〕 Cachero-Martínez S, Vázquez-Casielles R. Living Positive Experiences in Store: How it Influences Shopping Experience Value and Satisfaction〔J〕. Journal of Business Economics and Management, 2017, 18（3）: 537-553.

〔52〕 Cain V, Rader K A. Science Communication and Museums' Changing roles. In K. H. Jamieson，D. Kahan，and D. A. Scheufele（Eds.），The Oxford Handbook of the Science of Science Communication［M］. Oxford：Oxford University Press，2017：205-212.

［53］Campos A C，Mendes J，Oom do Valle P，et al. Co-creation Experiences：Attention and Memorability［J］. Journal of Travel and Tourism Marketing，2016，33（9）：1309-1336.

［54］Carballo R，S Moreno C León，J R Brent Ritchie. La Creación y Promoción De Experiencias en un Destino Turístico. Un Análisis de la Investigación y Necesidades De Actuación［J］. Cuadernos de Turismo，2015（35）：71-94.

［55］Caru A，Cova B. Consuming experience［M］. New York，NY：Routedge，2007.

［56］Caru A，Cova B. Revisiting Consumption Experience：A More Humble But Complete View of the Concept［J］. Marketing Theory，2003，3（2）：267-286.

［57］Chan J K. The Consumption of Museum Service Experiences：Benefits and Value of Museum Experiences［J］. Journal of Hospitality Marketing and Management，2009，18（2-3）：173-196.

［58］Chandralal L，Valenzuela F. Exploring Memorable Tourism Experiences：Antecedents and Behavioral Outcomes［J］. Journal of Economics，Business and Management，2013，1（2）：177-181.

［59］Chen C F，P C Chen. Another Look at the Heritage Tourism Experience［J］. Annals of Tourism Research，2013（41）：236-240.

［60］Chen C，D Tsai. How Destination Image and Evaluative Factors Affect Behavioral Intentions［J］. Tourism Management，2007，28（4）：1115-1122.

［61］Chen L S，Yuan L P，Zhu Z X. Empirical Study of Consumer Participation Motivation in Value Cocreation Within Cultural and Creative Virtual Brand Communities［J］. Asia Pacific Journal of Marketing and Logistics. http：//doi. org/10. 1108/APJML-05-2020-0363.

［62］Chi C，H Qu. Examining the Structural Relationships of Destination Image，Tourist Satisfaction and destination loyalty：An Integrated Approach［J］.

Tourism Management, 2008 (29): 624-636.

[63] Chiu C, Hsu M, Wang E T. Understanding Knowledge Sharing in Virtual Communities: An Integration of Social Capital and Social Cognitive Theories [J]. Decision Support Systems, 2006, 42 (3): 1872-1888.

[64] Chuang S, Tsai C, Cheng Y, et al. The Effect of Terminologies on Attitudes Toward Advertisements and Brands: Consumer Product Knowledge As A Moderator [J]. Journal of Business and Psychology, 2010, 24 (4): 485-491.

[65] Claycomb C, Lengnick-Hall C. A, Inks L W. The Customer As A Productive Resource: A Pilot Study and Strategic Implications [J]. Journal of Business Strategies, 2001, 18 (1): 47-69.

[66] Cohen E. A Phenomenology of Tourist Experiences [J]. Sociology, 1979, 13 (2): 179-201.

[67] Colbert F. Entrepreneurship and Leadership in Marketing the Arts [J]. International Journal of Arts Management, 2003, 6 (1): 30-39.

[68] Coppes J, Braunisch V. Managing Visitors in Nature Areas: Where do They Leave the Trails? A Spatial Model [J]. Wildlife Biology, 2013, 19 (1): 1-11.

[69] Coudounaris D N, Sthapit E. Antecedents of Memorable Tourism Experience Related to Behavioral Intentions [J]. Psychology and Marketing, 2017, 34 (12): 1084-1093.

[70] Cox C, Burgess S, Sellitto C, et al. The role of User-generated Content in Tourists' Travel Planning Behavior [J]. Journal of Hospitality Marketing and Management, 2009, 18 (8): 743-764.

[71] Crompton J L. Motivations for Pleasure Vacation [J]. Annals of Tourism Research, 1979 (6): 408-424.

[72] Cui A S, Wu F. Utilizing Customer Knowledge in Innovation: Antecedents and Impact of Customer Involvement on New Product Performance [J]. Journal of the Academy of Marketing Science, 2016, 44 (4): 516-538.

[73] Cunnell D, Prentice R. Tourists Recollections of Quality in Museums: A Service Space Without People [J]. Museum Management and Curatorship, 2000, 18 (4): 369-390.

［74］De Rojas C，C Camarero. Visitors' Experience，Mood and Satisfaction in a Heritage Context：Evidence from an Interpretation Centre ［J］. Tourism Management，2008，29（3）：525-537.

［75］Decrop A. Vacation Decision-making ［M］. Wallingford：CABI-Publishing，2006.

［76］Devesa M，Laguna M，Palacios A. The Role of Motivation in Visitor Satisfaction：Empirical Evidence in Rural Tourism ［J］. Tourism Management，2010，31（4）：547-552.

［77］Dey B，M Sarma. Information Usage Among Motive Based Segments of Travelers to Newly Emerging Tourist Destination ［J］. Tourism Management，2010，31（3）：341-344.

［78］Dolnicar S，Leisch F. Selective marketing for Environmentally Sustainable Tourism ［J］. Tourism Management，2008（29）：672-680.

［79］Dong P，N Y M Siu. Servicescape Elements，Customer Predispositions and Service Experience：The Case of Theme Park Visitors ［J］. Tourism Management，2013，36（6）：541-551.

［80］Edmonds E，Muller L，Connell M. On Creative Engagement ［J］. Visual Communication，2006，5（3）：307-322.

［81］Edwards J R，Lambert L S. Methods for Integrating Moderation and Mediation：A General Analytical Framework Using Moderated Path Analysis ［J］. Psychological Methods，2007，12（1）：1-22.

［82］Elliot A J，Dweck C S. Handbook of Competence and Motivation ［M］. New York：Guilford Press，2005.

［83］England B L. Relationship of Motivations Decision Making and Satisfaction in Museum Visitor Behavior ［C］. University of Florida，Gainesville，USA，2003.

［84］Etgar M. A Descriptive Model of the Consumer Co-production Process ［J］. Journal of the Academy of Marketing Science，2008，36（1）：97-108.

［85］Falco F D，Vassos S. Museum Experience Design：A Modern Storytelling Methodology ［J］. The Design Journal，2017，20（1）：3975-3983.

［86］Falk J H，Dierking L D. Learning from Museums：Visitor Experience and Marking of Meaning [M]. Walnut Creek, CA: ALtaMira Press, 2000.

[87] Falk J H, Dierking L D. The Museum Experience Revisited [M]. Walnut Creek, CA: Left Coast Press, 2013.

[88] Falk J H, Dierking L D. The Museum Experience [M]. Washington, DC: Whalesback Books, 1992.

[89] Falk J H. Identity and the Museum Visitor Experience [M]. Walnut Creek: Left Coast Press Inc. 2009.

[90] Fornell C, Larcker D F. Evaluating Structural Equation Models with Unobservable Variables and Measurement Error [J]. Journal of Marketing Research, 1981, 18 (1): 39-50.

[91] Foster S, Fillis I, Lehman K, et al. Investigating the Relationship between Visitor Location and Motivations to Attend a Museum [J]. Cultural Trends, 2020, 29 (3): 213-233.

[92] Fotis J, D Buhalis, N Rossides. Social Media Use and Impact During the Holiday Travel Planning Process [C]. Paper Presented at the 19th International Conference on Information and Communication Technologies in Travel and Tourism (ENTER), Helsingborg, Sweden, 2012.

[93] Frey B S. Superstar Museums: An Economic Analysis [J]. Journal of Cultural Economics, 1998, 22 (2/3): 113-125.

[94] Fritz M S, Mackinnon D P. Required Sample Size to Detect the Mediated Effect [J]. Psychological Science, 2007, 18 (3): 233-239.

[95] Garcia M J, Thomas J D, Klein A L. New Doppler Echocardiographic Applications for the Study of Diastolic Function [J]. Journal of the American College of Cardiology, 1998, 32 (4): 865-875.

[96] Garrod B, Fyall A, Leask A. Managing Visitor Impacts at Visitor Attractions: An International Assessment [J]. Current Issues in Tourism, 2006, 9 (2): 125-151.

[97] Geissler G. L, Rucks C T, Edison S W. Understanding the Role of Service Convenience in Art Museum Marketing: An Exploratory Study [J]. Journal of Hospitality and Leisure Marketing, 2006, 14 (4): 69-87.

[98] Gentile C, Spiller N, Noci G. How to Sustain the Customer Experience:

An Overview of Experience Components That Co-create Value with the Customer [J]. European Management Journal, 2007, 25 (5): 395-410.

[99] Gilmore J H, Pine B J. Differentiating Hospitality Operations Via Experiences: Why Selling Services is Not Enough [J]. The Cornell Hotel and Restaurant Administration Quarterly, 2002, 43 (3): 87-96.

[100] Glaser B G, Strauss A L. The Discovery of Grounded Theory: Strategies for Qualitative Research [M]. New York: Aldine, 1967.

[101] Gnoth J. Motivation and Expectation Formation [J]. Annals of Tourism Research, 1997, 24 (2): 283-304.

[102] Goulding C. The Museum Environment and the Visitor Experience [J]. European Journal of Marketing, 2000, 34 (3/4): 261-278.

[103] Grissemann U S, Stokburger-Sauer N E. Customer Co-creation of Travel Services: The Role of Company Support and Customer Satisfaction with the Co-creation Performance [J]. Tourism Management, 2012, 33 (6): 1483-1492.

[104] Gruen T W, Osmonbekov T, Czaplewski A J. E-Wom: The Impact of Customer-customer Online Know-how Exchange on Customer Value and Loyalty [J]. Journal of Business Research, 2006, 59 (4): 449-456.

[105] Grönroos C, Ravald A. Service As Business Logic: Implications for Value Creation and Marketing [J]. Journal of Service Management, 2011, 22 (1): 5-22.

[106] Grönroos C. Adopting A Service Logic for Marketing [J]. Marketing Theory, 2006, 6 (3): 317-333.

[107] Grönroos C. Service Logic Revisited: Who Creates Value? And Who Co-creates [J]. European Business Review, 2008, 20 (4): 298-314.

[108] Grönroos C. The Perceived Service Quality Concept - a Mistake [J]. Managing Service Quality: An International Journal, 2001, 11 (3): 150-152.

[109] Grönroos C. Value Co-creation in Service Logic: A Critical Analysis [J]. Marketing Theory, 2011, 11 (3): 279-301.

[110] Gursoy D. Prior Product Knowledge and its Influence on the Travelers' Information Behavior [J]. Journal of Hospitality and Leisure Marketing, 2003, 10

（3-4）：113-131.

［111］Gustaffson C，Ijla A. Museums：A Catalyst for Sustainable Economic Development in Sweden ［J］. International Journal of Innovative Development，2017，5（2）：1-14.

［112］Haeckel S H，Carbone L P，Berry L L. How to Lead the Customer Experience ［J］. Marketing Management，2003，12（1）：18-23.

［113］Hair J F，Anderson R E.，Tatham R L，et al. Multivariate Data Analysis with Readings（4th ed.）［M］. Englewood Cliffs，NJ：Prentice-Hall，1995.

［114］Hair J F，Black W C，Babin B J，et al. Multivariate Data Analysis（7th ed）［M］. Upper Saddle River：Pearson Education Limited，2010.

［115］Han H，Hyun S S. Role of Motivations for Luxury Cruise Traveling，Satisfaction，and Involvement in Building Traveler Loyalty ［J］. International Journal of Hospitality Management，2018（70）：75-84.

［116］Harkison T. The Use of Co-creation Within the Luxury Accommodation Experience-math or Reality ［J］. International Journal of Hospitality Management，2018（71）：11-18.

［117］Harrison P，Shaw R. Consumer Satisfaction and Post-purchase Intentions：An Exploratory Study of Museum Visitors ［J］. International Journal of Arts Management，2004，6（2）：23-32.

［118］Harrison S. Thinking About Tourism ［J］. International Sociology，2001（16）：152-172.

［119］Hayes A F，Matthes J. Computational Procedures for Probing Interactions in OLS and Logistic Regression：SPSS and SAS Implementations ［J］. Behavior Research Methods，2009，41（3）：924-936.

［120］Heidenreich M，Plaza B. Renewal Through Culture？The Role of Museums in the Renewal of Industrial Regions in Europe ［J］. European Planning Studies，2015，23（8）：1441-1455.

［121］Hein G E，Alexander M. Museums：Places of Learning ［M］. Washington，DC：American Association of Museums，1998.

［122］Hendon W S，Frank Costa，R A Rosenberg. The General Public and the Art Museum ［J］. American Journal of Economics and Sociology，1989，48

（4）：231-243.

［123］Holbrook M B, Kuwahara T. Probing Explorations, Deep Displays, Virtual Reality, and Profound Insights: The Four Faces of Stereographic Three-dimensional Images in Marketing and Consumer Research ［J］. Advances in Consumer Research, 1999（26）：240-250.

［124］Holbrook M B. Consumption Experience, Customer Value, and Subjective Personal Introspection: An Illustrative Photographic Essay ［J］. Journal of Business Research, 2006, 59（6）：714-725.

［125］Hooper-Greenhill E. Museums and Galleries Education ［M］. London: Routledge, 1994.

［126］Hooper-Greenhill E. Studying Visitors. A Companion to Museum Studies （S. Macdonald）［M］. Malden, MA: Blackwell Publishing Ltd. , 2006.

［127］Hosany S, M Witham. Dimensions of Cruisers' Experiences, Satisfaction, and Intention to Recommend ［J］. Journal of Travel Research, 2010, 49（3）：351-364.

［128］Hoyer W D, Chandy R, Dorotic M, et al. Consumer Co-creation in New Product Development ［J］. Journal of Service Research, 2010, 13（3）：283-296.

［129］Hoyle R. H. Structural Equation Modeling: Concepts, Issues, and Applications ［M］. Thousand Oaks: Sage Publications, 1995.

［130］Huang S, Hsu C. Effects of Travel Motivation, Past Experience, Perceived Constraint, and Attitude on Revisit Intention ［J］. Journal of Travel Research, 2009, 48（1）：29-44.

［131］Hultman J, Hall C M. Tourism Place-making ［J］. Annals of Tourism Research, 2012, 39（2）：547-570.

［132］Huy Q V, Jian M L, Ben H Y, et al. Evaluating Museum Visitor Experiences Based on User-generated Travel Photos ［J］. Journal of Travel and Tourism Marketing, 2018, 35（4）：493-506.

［133］Hyman D. The Hierarchy of Consumer Participation: Knowledge and Proficiency in Telecommunications Decision Making ［J］. Journal of Consumer Affairs, 1990, 24（1）：1-23.

［134］Isa S M, Ramli L. Factors Influencing Tourist Visitation in Marine Tourism: Lessons Learned from FRI Aquarium Penang, Malaysia ［J］. International Journal of Culture, Tourism and Hospitality Research, 2014, 8 (1): 103-117.

［135］Iversen Nina M, Leif E Hem, Mehmet Mehmetoglu. Lifestyle Segmentation of Tourists Seeking Nature Based Experiences: The Role of Cultural Values and Travel Motives ［J］. Journal of Travel and Tourism Marketing, 2016 (33): 38-66.

［136］Jaime R. Exploring Customer Engagement in Tourism: Construct Proposal and Antecedents ［J］. Journal of Vacation Marketing, 2018, 24 (4): 293-306.

［137］Jang S C, Cai L A. Travel Motivations and Destination Choice: A Study of British Outbound Market ［J］. Journal of Travel and Tourism Marketing, 2002, 13 (3): 111-133.

［138］Jang S, Bai B, Hu C, et al. Affect, Travel Motivation, and Travel Intention: A Senior Market ［J］. Journal of Hospitality and Tourism Research, 2009, 33 (1): 51-73.

［139］Jansen-Verbeke M, Rekom J V. Scanning Museum Visitors: Urban Tourism Marketing ［J］. Annals of Tourism Research, 1996, 23 (2): 364-375.

［140］Jing X A, Wyer J R. Puffery in Advertisements: The Effects of Media Context, Communication Norms, and Consumer Knowledge ［J］. Journal of Consumer Research, 2010, 37 (2): 329-343.

［141］Johnson A, Neuhofer B. Airbnb: An Exploration of Value Co-creation Experiences in Jamaica ［J］. International Journal of Contemporary Hospitality Management, 2017 (29): 2361-2376.

［142］Jung H S, Yoon H H. Why do Satisfied Customers Switch? Focus on the Restaurant Patron Variety-seeking Orientation and Purchase Decision Involvement ［J］. International Journal of Hospitality Management, 2012 (31): 875-884.

［143］Kamolpattana S, Chen G, Sonchaeng P, et al. Thai Visitors' Expectations and Experiences of Explainer Interaction Within A Science Museum Context

［J］. Public Understanding of Science, 2015, 24 （1）: 69-85.

［144］Khoo-Lattimore C. Diversity Excellence in Tourism Research: A Perspective Article ［J］. Tourism Review, 2020, 75 （1）: 33-36.

［145］Kim D, Perdue R R. The Effects of Cognitive, Affective, and Sensory Attributes on Hotel Choice ［J］. International Journal of Hospitality Management, 2013 （35）: 246-257.

［146］Kim J H, Ritchie J B, McCormick B. Development of A Scale to Measure Memorable Tourism Experiences ［J］. Journal of Travel Research, 2010, 51 （1）: 12-25.

［147］Kim J H. The Antecedents of Memorable Tourism Experiences: The Development of A Scale to Measure the Destination Attributes Associated with Memorable Experiences ［J］. Tourism Management, 2014 （44）: 34-45.

［148］Kim K, Jogaratnam G, Noh J. Travel Decisions of Students at A US University: Segmenting the International Market ［J］. Journal of Vacation Marketing, 2006, 12 （4）: 345-357.

［149］Kim K, Jogaratnam G. Travel Motivations: A Comparative Study of Asian International and Domestic American College Students ［J］. Journal of Travel and Tourism Marketing, 2002, 13 （4）: 61-82.

［150］Kimmy Wa Chan, Stella Yiyan Li. Understanding Consumer-to-consumer Interactions in Virtual Communities: The Salience of Reciprocity ［J］. Journal of Business Research, 2010 （63）: 1033-1040.

［151］Kirchberg V, Tröndle M. Experiencing Exhibitions: A Review of Studies on Visitor Experiences in Museums ［J］. Curator: The Museum Journal, 2012, 55 （4）: 435-452.

［152］Klaus P P, Maklan S. EXQ: A Multiple-item Scale for Assessing Service Experience ［J］. Journal of Service Management, 2012, 23 （1）: 5-33.

［153］Kotler N G, Kotler P, Kotler W I. Museum Marketing and Strategy ［C］. 2nd ed., Jossey-Bass, San Francisco, CA, 2008.

［154］Kuflik T, Wecker A J, Lanir J, et al. An Integrative Framework for Extending the Boundaries of the Museum Visit Experience: Linking the Pre, During and Post Visit Phases ［J］. Information Technology and Tourism, 2015 （15）:

17-47.

〔155〕 Lan L, Toubia O. Improving Online Idea Generation Platforms and Customizing the Task Structure on the Basis of Consumers' Domain-specific Knowledge 〔J〕. Journal of Marketing, 2015, 79 (5): 100-114.

〔156〕 Larson Jan. The Museum is Open 〔J〕. American Demographics, 1994, 16 (11): 32-38.

〔157〕 Larsson R, Bowen D E. Organization and Customer: Managing Design and Coordination of Service 〔J〕. Academy of Mcmaaement Beviw, 1980, 14 (2): 213-233.

〔158〕 Leask A. Visitor Attraction Management: A Critical Review of Research (2009-2014) 〔J〕. Tourism Management, 2016 (57): 334-361.

〔159〕 Lee G. Modeling Consumer's Co-creation in Tourism Innovation 〔C〕. Ph. D. Dissertation. Department of Philosophy, Temple University, 2012.

〔160〕 Lee W, Gretzel U, Law R. Quasi-trial Experiences Through Sensory Information on Destination Web Sites 〔J〕. Journal of Travel Research, 2010, 49 (3): 310-322.

〔161〕 Lei S I, Ye S, Wang D, Law R. Engaging Customers in Value Co-creation Through Mobile Instant Messaging in the Tourism and Hospitality Industry 〔J〕. Journal of Hospitality and Tourism Research, 2020, 44 (2): 229-251.

〔162〕 Lew, McKercher. Modeling Tourist Movements: A Local Destination Analysis 〔J〕. Annals of Tourism Research, 2006, 33 (2): 402-423.

〔163〕 Li M, Zhang H, Cai L. A Subcultural Analysis of Tourism Motivations 〔J〕. Journal of Hospitality and Tourism Research, 2016, 40 (1): 85-113.

〔164〕 Liu C H. Local and International Perspectives of the Influence of Creative Experiences of Chinese Traditional Culture on Revisit Intentions 〔J〕. Current Issues in Tourism, 2020, 23 (1): 17-35.

〔165〕 Liu S J, Y Z Yang, M Shafi. A Study of Museum Experience Evaluation from the Perspective of Visitors' Behavior 〔C〕. Proceedings of the Thirteenth International Conference on Management Science and Engineering Management, Toronto, Canada, August 5-8, Springer, 2019 (2): 683-693.

〔166〕 Liu W C. Visitor Study and Operational Development of Museums 〔J〕.

Museology Quarterly, 2008, 22 (3): 21-37.

［167］Liu Yuping, Shrum L J. What Is Interactivity and Is It Always Such a Good Thing? Implications of Definition, Person, and Situation for the Influence of Interactivity on Advertising effectiveness ［J］. Journal of Advertising, 2002, 31 (4): 53-64.

［168］Lundkvist A, Yakhlef A. Customer Involvement in New Service Development A Conversational Approach ［J］. Managing Service Quality: An International Journal, 2004, 14 (2): 249-257.

［169］López-Guzmán, Tomás Francisco González Santa Cruz, Salvador Moral-Cuadra, et al. Gastronomic Motivations and Perceived Value of Foreign tTourists in the City of Oruro (Bolivia): An Analysis Based on Structural Equations ［J］. International Journal of Environmental Reserach and Public Health, 2020 (17): 3618.

［170］Ma J, Scott N, Gao J, et al. Delighted or Satisfied? Positive Emotional Responses Derived from Theme Park Experiences ［J］. Journal of Travel and Tourism Marketing, 2017, 34 (1): 1-19.

［171］Mackinnon D P, Lockwood C M, Hoffman J M, et al. A Comparison of Methods to test mediation and Other Intervening Variable Effects ［J］. Psychological Methods, 2002, 7 (1): 83-104.

［172］Mahdzar M, Bahrin S, Razak I, et al. Effects of Visitors Experience on Satisfaction and Intentions to Recommend in Malaysian Museum ［J］. World Applied Sciences Journal, 2017 (35): 59-64.

［173］Mak A H, Lumbers M, Eves A, et al. Factors Influencing Tourist Food Consumption ［J］. International Journal of Hospitality Management, 2012, 31 (3): 928-936.

［174］Manna R, Palumbo R. What Makes A Museum Attractive to Young People? Evidence from Italy ［J］. International Journal of Tourism Research, 2018 (20): 508-517.

［175］Mano Haim, Richard L Oliver. Assessing the Dimensionality and Structure of the Consumption Experience: Evaluation, Feeling and Satisfaction ［J］. Journal of Consumer Research, 1993 (20): 451-466.

[176] Marty P. Museum Websites and Museum Visitors: Before and After the Museum Visit [J]. Museum Manage Curatorship, 2007, 22 (4): 337-360.

[177] Mason P. Visitor Management in Protected Areas: From "Hard" to "Soft" Approaches [J]. Current Issues in Tourism, 2005, 8 (2/3): 181-194.

[178] Mathwick C, Malhotra N K, Rigdon E. Experiential Value: Conceptualization, Measurement, and Application in the Catalog and Internet Shopping Environment [J]. Journal of Retailing, 2001, 77 (1): 39-56.

[179] McIntosh A, A Siggs. An Exploration of the Experiential Nature of Boutique Accommodation [J]. Journal of Travel Research, 2005, 44 (1): 74-81.

[180] McKercher B. A Comparative Study of International Cultural Tourists [J]. Journal of Hospitality and Tourism Management, 2004, 11 (2): 95-107.

[181] McPherson G. Public Memories and Private Tastes: The Shifting Definitions of Museums and Their Visitors in the UK [J]. Museum Management and Curatorship, 2006, 21 (1): 44-57.

[182] Medić S, Pivac T, Ivkov-Džigurski A, et al. Leisure Time and Museums: Motives of Visits [J]. Journal of the Geographical Institute "Jovan Cvijic" SASA, 2015, 65 (3): 391-406.

[183] Meng F, Uysal M. Effects of Gender Differences on Perceptions of Destination Attributes, Motivations and Travel Values: An Examination of A Nature－based Resort Destination [J]. Journal of Sustainable Tourism, 2008, 16 (4): 445-466.

[184] Minkiewicz J, Evans J, Bridson K. How do Consumers Co－create Their Experiences? An Exploration in the Heritage Sector [J]. Journal of Marketing Management, 2014, 30 (12): 30-59.

[185] Mook D. Motivation: The Organization of Action [M]. New York: W. W. Norton, 1996.

[186] Moore R, Moore M L, Capclla M. The impact of Customer－to－customer Interactions in a High Personal Contact Service Setting [J]. Journal of Services Marketing, 2005, 19 (7): 482-491.

[187] Moral-Cuadra S, de la Cruz R A, López R R, et al. Relationship between Consumer Motivation and the Gastronomic Experience of Olive Oil Tourism in

Spain［J］. Sustainability, 2020, 12（10）: 1-15.

［188］Mossberg L. A Marketing Approach to the Tourist Experience［J］. Scandinavian Journal of Hospitality and Tourism, 2007, 7（1）: 59-74.

［189］Mourali M, Laroche, M, Pons F. Antecedents of Consumer Relative Preference for Interpersonal Information Sources in Pre－purchase Search［J］. Journal of Consumer Behaviour, 2010, 4（5）: 307-318.

［190］Mustak M, Jaakkola E, Halinen A. Customer Participation and Value Creation: A Systematic Review and Research Implications［J］. Managing Service Quality: An International Journal, 2013, 23（4）: 341-359.

［191］Nambisan S, Baron R A. Virtual Customer Environments: Testing A Model of Voluntary Participation in Value Co－creation Activities［J］. Journal of Product Innovation Management, 2009, 26（4）: 388-406.

［192］Nambisan S. Designing Virtual Customer Environments for New Product Development: Toward a Theory［J］. Academy of Management Review, 2002, 27（3）: 392-413.

［193］Nisi V, Dionisio M, Barreto M, et al. A Mixed Reality Neighborhood Tour: Understanding Visitor Experience and Perceptions［J］. Entertainment Computing, 2018（27）: 89-100.

［194］Nonaka I. The Knowledge－creating Company［J］. Harvard Business Review, 1991（11-12）: 96-104.

［195］Oh H, Fiore A M, Jeoung M. Measuring Experience Economy Concepts: Tourism Applications［J］. Journal of Travel Research, 2007, 46（2）: 119-132.

［196］Oppermann M. Tourism Destination Loyalty［J］. Journal of Travel Research, 2000, 39（1）: 78-84.

［197］Otto J E, Ritchie J R B. The Service Experience in Tourism［J］. Tourism Management, 1996, 17（3）: 165-174.

［198］Packer J, Ballantyne R. Conceptualizing the Visitor Experience: A Review of Literature and Development of a Multifaceted Model［J］. Visitor Studies, 2016, 19（2）: 128-143.

［199］Packer Jan, Ballantyne Roy. Motivational Factors and the Visitor Experience: A Comparison of Three Sites〔J〕. Curator the Museum Journal, 2002, 45 (2): 183–198.

〔200〕Pandit N R. The Creation of Theory: A Recent Application of the Grounded Theory Method〔J〕. The Qualitative Report, 1996, 2 (4): 1–15.

〔201〕Pantalony R E. Managing Intellectual Property for Museums〔M〕. Geneva: World Intellectual Property Organization, 2013.

〔202〕Park C W, Jaworsk B J, Maclnnis D J. Strategic Brand Conceptimage Management〔J〕. Journal of Marketing, 1986, 50 (4): 135–145.

〔203〕Park S H, Hsieh C M, McNally R. Motivations and Marketing Drivers of Taiwanese Island Tourists: Comparing Across Penghu, Taiwan and Phuket, Thailand〔J〕. Asia Pacific Journal of Tourism Research, 2010, 15 (3): 305–317.

〔204〕Park S, Chon T J. The Effects of Participation in College Leisure Club Activities on Leisure Motivation, Leisure Experience, and Life Satisfaction Utilizing A PLS method〔J〕. Korean Journal of Leisure, Recreation and Park, 2011, 35 (2): 21–32.

〔205〕Petrick J F. Are Loyal Visitors Desired Visitors〔J〕. Tourism Management, 2004, 25 (2): 463–470.

〔206〕Pine B J, Gilmore J H. The Experience Economy: Work is Theatre and Every Business a Stage〔M〕. Boston, MA: Harvard Business School Press, 1999.

〔207〕Pine B J, Gilmore J H. Welcome to The Experience Economy〔J〕. Harvard Business Review, 1998, 76 (4): 97–105.

〔208〕Podsakoff P M, MacKenzie S B, Lee J Y, et al. Common Method Biases in Behavioral Research: A Critical Review of the Literature and Recommended Remedies〔J〕. Journal of Applied Psychology, 2003, 88 (5): 879–903.

〔209〕Poria Yaniv, Richard Butler, David Airey. Clarifying Heritage Tourism〔J〕. Annals of Tourism Research, 2001, 28 (4): 1047–1049.

〔210〕Prahalad C K, Ramaswamy V. Co-creation Experiences: The Next Practice in Value Creation〔J〕. Journal of Interactive Marketing, 2004a, 18 (3): 5–14.

［211］Prahalad C K，Ramaswamy V. Future of Competition：Co-creation U-nique Value with Customers ［M］．Boston：Harvard Business School Press，2004b.

［212］Prahalad C K. Ramaswamy V. Co-opting Customer Competence ［J］．Harvard Business Review，2000，78（1）：79-87

［213］Prayag G，S Hosany B Muskat，G Del Chiappa. Understanding the Re-lationships between Tourists' Emotional Experiences，Perceived Overall Image，Satisfaction，and Intention to Recommend ［J］．Journal of Travel Research，2017，56（1）：41-54.

［214］Prebensen N K，E Woo，M S Uysal. Experience Value：Antecedents and Consequences ［J］．Current Issues in Tourism，2014，17（10）：910-928.

［215］Prebensen N K，Woo E，Chen J S，et al. Motivation and Involvement As Antecedents of the Perceived Value of the Destination Experience ［J］．Journal of Travel Research，2013，52（2）：253-264.

［216］Prebensen Nina K，Woo Eunju，Chen Joseph S，et al. Experience Quality in the Different Phases of a Tourist Vacation：A Case of Northern Norway ［J］．Tourism Analysis，2012，17（5）：617-627.

［217］Preko A，Gyepi-Garbrah T F，Arkorful H，et al. Museum Experience and Satisfaction：Moderating Role of Visiting Frequency ［J］．International Hospi-tality Review，2020，34（2）：203-220.

［218］Presi C，Ch Saridakis，S Hartmans. User-Generated Content Behavior of the Dissatisfied Service Customer ［J］．European Journal of Marketing，2013，48（9/10）：1600-1625.

［219］Pullman M E，Gross M A. Ability of Experience Design Elements to E-licit Emotions and Loyalty Behaviors ［J］．Decision Science，2004，35（3）：551-578.

［220］Quan S，Wang N. Towards a Structural Model of the Tourist Experi-ence：An Illustration from Food Experiences in Tourism ［J］．Tourism Manage-ment，2004，25（3）：297-305.

［221］Ramaswamy Venkat，Ozcan Kerimcan. What is Co-creation? An Inter-actional Creation Framework and its Implications for Value Creation ［J］．Journal of

Business Research, 2018 (84): 196-205.

[222] Ramaswamy V. Ozcan K. Brand Value Co-creation in a Digitalized World: An Integrative Framework and Research Implications [J] . International Journal of Research in Marketing, 2016, 33 (1): 93-106.

[223] Rihova I, Buhalis D, Gouthro M B, et al. Customer-to-customer Co-creation Practices in Tourism: Lessons from Customer-dominant logic [J] . Tourism Management, 2018 (67): 362-375.

[224] Rihova I, Buhalis D, Moital M, et al. Conceptualising Customer-to-customer Value Co-creation in Tourism [J] . International Journal of Tourism Research, 2015, 17 (4): 356-363.

[225] Roberts J A, Hann I H, Slaughter S A. Understanding the Motivations, Participation, and Performance of Open Sourse Software Developers: A Longitudinal Study of the Apache Projects [J] . Management Science, 2006, 52 (7): 984-999.

[226] Roth A V, Menor L J. Insights Into Service Operations Management: A Research Agenda [J] . Production and Operations Management, 2003, 12 (2): 145-164.

[227] Schmitt B H. Experiential Marketing: How to Get Customers to Sense, Feel, Think, Act, Relate to Your Company and Brands [M] . New York: The Free Press, 1999a.

[228] Schmitt B H. Experiential Marketing [J] . Journal of Marketing, 1999b, 15 (1): 53-67.

[229] Scholtz M, Kruger M, Saayman M. A Motivation-based ty Pology of Five-day International Test Cricket Match Spectators [J] . African Journal for Physical, Health Education, Recreation and Dance, 2015, 21 (4): 1247-1270.

[230] Schuckert M, Liu X, Law R. Insights into Suspicious Online Ratings: Direct Evidence from Trip Advisor [J] . Asia Pacific Journal of Tourism Research, 2016, 21 (3): 259-272.

[231] Shackley M. Visitor Management: Case Studies from World Heritage Sites [M] . Oxford: Butterworth-Heinemann, 1998.

［232］Shaw C, Ivens J. Building Great Customer Experiences ［M］. N Y: Palgrave Macmillan, 2002.

［233］Shaw G, Bailey A, Williams A. Aspects of Service-dominant Logic and Its Implications for Tourism Management: Examples from the Hotel Industry ［J］. Tourism Management, 2011, 32（2）: 207-214.

［234］Sheng C, Chen M. A Study of Experience Expectations of Museum Visitors ［J］. Tourism Management, 2012, 33（1）: 53-60.

［235］Sheth J N, Newman B I, Gross B L. Consumption Values and Market Choices: Theory and Applications ［J］. Journal of Marketing Research, 1991, 9（4）: 487-489.

［236］Shih T Y. Attribute Design and Marketing Strategy of Branding Experience Museums ［J］. International Journal of Electronic Business Management, 2015（13）: 85-96.

［237］Simon N. The Participatory Museum ［M］. Santa Cruz, Ca: Museum 2.0, 2010.

［238］Singaraju Stephen P, Nguyen Quan Anh, Niininen Outi, et al. Social Media and Value Co-creation in Multi-stakeholder Systems: A Resource Integration Approach ［J］. Industrial Marketing Management, 2015, 12（9）: 1-12.

［239］Slåtten T, Krogh C, Connolley S. Make It Memorable: Customer Experiences at Winter Amusement Parks ［J］. International Journal of Culture, Tourism and Hospitality Research, 2011, 5（1）: 80-91.

［240］Smith S, Costello C. Segmenting Visitors to A Culinary Event: Motivations, Travel Behavior, and Expenditures ［J］. Journal of Hospitality Marketing and Management, 2009, 18（1）: 44-67.

［241］Sohn H K, T J Lee, Y S Yoon. Relationship between Perceived Risk, Evaluation, Satisfaction, and Behavioral Intention: A Case of Local-festival Visitors ［J］. Journal of Travel and Tourism Marketing, 2016, 33（1）: 28-45.

［242］Solima. The Listening Museum. New Communication Strategies for Public Museums ［M］. Rome: Rubettino, 2012.

［243］Song Hak Jun, Choong-Ki Lee, Jin Ah Park, et al. The Influence of Tourist Experience on Perceived Value and Satisfaction with Temple Stays: The Experience Economy Theory ［J］. Journal of Travel and Tourism Marketing, 2015, 32 (4): 401-415.

［244］Stamboulis Y, Skayannis P. Innovation Strategies and Technology for Experience-based Tourism ［J］. Tourism Management, 2003, 24 (1): 35-43.

［245］Strauss A L, Corbin J M. Basics of Qualitative Research: Grounded Theory Procedures and Techniques ［M］. Newbury Park: Sage, 1990.

［246］Su Y, Teng W. Contemplating Museums' Service Failure: Extracting the Service Quality Dimensions of Museums from Negative On - line Reviews ［J］. Tourism Management, 2018 (69): 214-222.

［247］Suntikul W, Jachna T. The Co - creation/place Attachment Nexus ［J］. Tourism Management, 2016 (52): 276-286.

［248］Tang T, Fang E, Wang F. Is Neutral Really Neutral? The Effects of Neutral User - generated Content on Product Sales ［J］. Journal of Marketing, 2014, 78 (4): 41-58.

［249］Teichmann K. Expertise, Experience and Self-confidence in Consumers' Travel Information Search ［J］. International Journal of Culture Tourism and Hospitality Research, 2016, 5 (2): 184-194.

［250］Toffier A. Future Shock ［M］. New York: Bantam Books, Inc., 1971.

［251］Trin T T, Ryan. Museums, Exhibits and Visitor Satisfaction: A Study of the Cham Museum, Danang, Vietnam ［J］. Journal of Tourism and Cultural Change, 2013, 11 (4): 239-263.

［252］Tsaur S H, Chiu Y. T, Wang C H. The Visitors Behavioral Consequences of Experiential Marketing: An Empirical Study on Taipei Zoo ［J］. Journal of Travel and Tourism Marketing, 2007, 21 (1): 47-64.

［253］Tse P, Crotts J C. Antecedents of Novelty Seeking: International Visitors' Propensity to Experiment Across Hong Kong's Culinary Traditions ［J］. Tourism Management, 2005, 26 (6): 965-968.

［254］Tseng F C, Teng C I. Online Gamers' Preferences for Online Game Charging Mechanisms: The Effect of Exploration Motivation ［J］. International Journal of E-Business Research, 2015, 11 (1): 23-34.

［255］Tsiropoulou Eirini Eleni, Thanou Athina, Papavassiliou Symeon. Quality of Experience-based Museum Touring: A Human in the Loop Approach ［J］. Social Network Analysis and Mining, 2017, 7 (1): 33-46.

［256］Tubillejas B, Cuadrado M, Frasquet M. A Model of Determinant Attributes of Corporate Image in Cultural Services ［J］. Nonprofit and Voluntary Sector Quarterly, 2011, 40 (2): 356-376.

［257］Tynan C, McKechnie S. Experience Marketing: A Review and Reassessment ［J］. Journal of Marketing Management, 2009, 25 (5-6): 501-517.

［258］Tzibazi V. Participatory Action Research With Young People in Museums ［J］. Museum Management and Curatorship, 2013, 28 (2): 153-171.

［259］Um S, Chon K, Ro Y. Antecedents of Revisited Intention ［J］. Annals of Tourism Research, 2006, 33 (4): 1141-1158.

［260］Uriely N. The Tourist Experience: Conceptual Developments ［J］. Annals of Tourism Research, 2005, 32 (1): 199-216.

［261］Utman C H. Performance Effects of Motivational State: A Meta-analysis ［J］. Personality and Social Psychology Review, 1997, 1 (2): 170-182.

［262］Van Doorn J, Lemon K N, Mittal V, et al. Customer Engagement Behavior: Theoretical Foundations and Research Directions ［J］. Journal of Service Research, 2010, 13 (3): 253-266.

［263］Vareiro L, Sousa B B, Silva S. S. The Importance of Museums in the Tourist Development and the Motivations of Their Visitors: An Analysis of the Costume Museum in Viana do Castelo ［J］. Journal of Cultural Heritage Management and Sustainable Development, 2020, 11 (1): 39-57.

［264］Vargo S L, Lusch R F. Evolving to a New Dominant Logic for Marketing ［J］. Journal of Marketing, 2004, 68 (1): 1-17.

［265］Vargo S L, Lusch R F. From Repeat Patronage to Value Co-creation in Service Ecosystems: A Transcending Conceptualization of Relationship ［J］. Journal of Business Market Management, 2010, 4 (4): 169-179.

［266］Vargo S L, Lusch R F. Institutions and Axioms: An Extension and Update of Service-dominant Logic ［J］. Journal of the Academy of Marketing Science, 2016 (44): 5-23.

［267］Vargo S L, Lusch R F. Service-dominant Logic: Continuing the Evolution ［J］. Journal of the Academy of Marketing Science, 2008（36）: 1-10.

［268］Vargo S L, Maglio P P, Akaka. On Value and Value Co-creation: A Service Systems and Service Logic Perspective ［J］. European Management Journal, 2008（26）: 145-152.

［269］Vega-Vazquez M, A'ngeles Revilla-Camacho M, Cossı'o-Silva F J. The Value Co-creation Process As A Determinant of Customer Aatisfaction ［J］. Management Decision, 2013, 51（10）: 1945-1953.

［270］Verhoef P C, Lemon K N, Parasuraman A, et al. Customer Experience Creation: Determinants, Dynamics and Management Strategies ［J］. Journal of Retailing, 2009, 85（1）: 31-41.

［271］Vom Lehn D. Embodying Experience: A Video-based Examination of Visitor's Conduct and Interaction in Museums ［J］. European Journal of Marketing, 2006, 40（11/12）: 1340-1359.

［272］Voorberg W H, Bekkers V J J M, Tummers L G. A Systematic Review of Co-creation and Co-production: Embarking on the Social Innovation Journey ［J］. Public Management Review, 2015, 17（9）: 1333-1357.

［273］Wachowiak H. Large Protected Areas and Visitor Management in Germany ［J］. Current Issues in Tourism, 2005, 8（2/3）: 245-256.

［274］Wang F R, He D, Chen J. Motivations of Individual and Firms Participating in Open Source Community ［C］. Proceedings of the Fourth International Conference on Machine Learning and Cybernetics, 2005.

［275］Wang Y Ch, Daniel R, Fesenmaier. Modeling Participation in An Online Travel Community ［J］. Journal of Travel Research, 2004（42）: 261-270.

［276］Wen J, Meng F, Ying T Y, et al. Drug Tourism Motivation of Chinese Outbound Tourists: Scale Development and Validation ［J］. Tourism Management, 2018（64）: 233-244.

［277］Williams A. Tourism and Hospitality Marketing: Fantasy, Feeling and Fun ［J］. International Journal of Contemporary Hospitality Management, 2006, 18（6）: 482-495.

［278］Wu M Y, Pearce Philip, Dong Wang. How Satisfying Are Shanghai's

Superior Hotels？ The Views of International Tourists ［J］. International Journal of Contemporary Hospitality Management，2017，29（4）：1096-1115.

［279］Xiang Z，U Gretzel. Role of Social Media in Online Travel Information Search ［J］. Journal of Tourism Management，2010，31（2）：179-188.

［280］Yalowitz Steven S，Kerry Bronnenkant. Timing and Tracting：Unlocking Visitor Behavior ［J］. Visitor Studies，2009，12（1）：47-64.

［281］Yan B-J，Zhang J，Zhang H-L，et al. Investigating the Motivation-experience Relationship in a Dark Tourism Space：A Case Study of the Beichuan Earthquake Relics，China ［J］. Tourism Management，2016，53（1）：108-121.

［282］Yoon Y，Uysal M. An Examination of the Effects of Motivation and Satisfaction on Destination Loyalty：A Structural Model ［J］. Tourism Management，2005，26（1）：45-56.

［283］Yuksel A，F Yuksel，Y Bilim. Destination Attachment：Effects on Customer Satisfaction and Cognitive，Affective and Conative Loyalty ［J］. Tourism Management，2009，31（2）：274-284.

［284］Zancanaro M，Kuflik T，Boger Z，et al. Analyzing Museum Visitors' Behavior Patterns ［C］. In：International Conference on User Modeling. Springer，Berlin，2007：238-246.

［285］Zhao X，Lynch Jr J G，Chen Q. Reconsidering Baron and Kenny：Myths and Truths About Mediation Analysis ［J］. Journal of Consumer Research，2010，37（2）：197-206.

［286］Zhou X Q. Exploring New Ways of Calligraphy Education Communication in the Age of Digital Media ［C］. Recent Developments in Intelligent Computing，Communication and Devices. Proceedings of ICCD. Advances in Intelligent Systems and Computing（AISC1185），2019.

［287］Zhu M F，Ai W J. Inheritance and Innovation，Adjustment and Accumulation：On the Modernization Thinking of Chinese Traditional Culture from the Development of the Cultural and Creatinve Industry of the Forbidden City ［J］. Risus-Journal on Innovation and Sustainability，2020，11（4）：12-22.

［288］毕达天，邱长波. B2C 电子商务企业—客户间互动对客户体验影响

机制研究〔J〕.中国软科学，2014（12）：124-135.

　　〔289〕曹兴平.民族村寨旅游社区参与内生动力实证研究〔J〕.贵州民族研究，2016，37（3）：166-170.

　　〔290〕陈向明.质的研究方法与社会科学研究〔M〕.北京：北京教育出版社，2000.

　　〔291〕董京京.消费者与商家在线体验式互动对其购买意愿影响的研究〔D〕.吉林大学博士学位论文，2019.

　　〔292〕范长征.英美文化遗产创意旅游与"参与式"体验〔J〕.甘肃社会科学，2017，4（37）：216-220.

　　〔293〕方杰，张敏强.中介效应的点估计和区间估计：乘积分布法、非参数 Bootstrap 和 MCMC 法〔J〕.心理学报，2012，44（10）：1408-1420.

　　〔294〕方叶林，黄震方，涂玮等.战争纪念馆游客动机对体验的影响研究——以南京大屠杀纪念馆为例〔J〕.旅游科学，2013，27（5）：64-75.

　　〔295〕郭国庆，孙乃娟.新进入者调适中介下感知互动类型对体验价值影响的实证研究〔J〕.管理评论，2012（12）：72-83.

　　〔296〕韩箫亦.电商主播属性对消费者在线行为意向的作用机理研究〔D〕.吉林大学博士学位论文，2020.

　　〔297〕黄晓治.参与强度与顾客体验间的调节机制研究——基于集体参与视角〔J〕.商业经济与管理，2018（9）：76-85.

　　〔298〕简兆权，令狐克睿，李雷.价值共创研究的演进与展望——从"顾客体验"到"服务生态系统"视角〔J〕.外国经济与管理，2016，38（9）：3-20.

　　〔299〕江宁康，吴晓蓓.人工智能·多元交互·情景美学〔J〕.人文杂志，2021（4）：51-59.

　　〔300〕蒋婷，张峰.游客间互动对再惠顾意愿的影响研究——基于游客体验的视角〔J〕.旅游学刊，2013，28（7）：90-100.

　　〔301〕匡红云，江若尘.旅游体验价值共创研究最新进展及管理启示〔J〕.管理现代化，2019（1）：74-77.

　　〔302〕黎冬梅.乡村旅游影响游客对乡村居民刻板印象的研究〔J〕.新经济，2021，542（6）：109-115.

　　〔303〕李朝辉.基于顾客参与视角的虚拟品牌社区价值共创研究〔D〕.

北京邮电大学博士学位论文，2013.

　　［304］李怀祖．管理研究方法论［M］．西安：西安交通大学出版社，2017.

　　［305］李丽娟．旅游体验价值共创研究［D］．北京林业大学博士学位论文，2012.

　　［306］李如友．游客参与旅游体验价值共创机理研究——基于社会网络视角［D］．浙江工商大学博士学位论文，2018.

　　［307］李竹．"零展品"博物馆展品体系构建——以中国大运河博物馆展品征集为例［J］．东南文化，2021（3）：125-130.

　　［308］令狐克睿．社会化媒体情景下顾客契合对价值共创的影响研究［D］．华南理工大学博士学位论文，2019.

　　［309］刘凡．民族博物馆的服务设计与观众体验［J］．中南民族大学学报（人文社会科学版），2020，40（2）：126-130.

　　［310］刘珺．旅游虚拟社区成员参与动机与旅游决策行为的关系研究［D］．西北大学博士学位论文，2018.

　　［311］马颖杰，杨德锋．服务中的人际互动对体验价值形成的影响——品牌价值观的调节作用［J］．经济管理，2014，36（6）：86-98.

　　［312］屈小爽．家庭旅游互动行为与体验价值研究［D］．中南财经政法大学博士学位论文，2015.

　　［313］荣泰生．AMOS与研究方法（第2版）［M］．重庆：重庆大学出版社，2010.

　　［314］邵雪梅，邱丽，张琪等．休闲体验消费动机对行为意愿的影响：休闲涉入与体验质量的双重中介效应［J］．西安体育学院学报，2021，38（2）：174-181.

　　［315］申光龙，彭晓东，秦鹏飞．虚拟品牌社区顾客间互动对顾客参与价值共创的影响研究——以体验价值为中介变量［J］．管理学报，2016，13（12）：1808-1816.

　　［316］沈鹏熠，万德敏．全渠道零售体验价值共创行为对顾客忠诚的影响——基于服务主导逻辑视角［J］．北京工商大学学报（社会科学版），2019，34（3）：15-27.

　　［317］王骏川，罗秋菊，林潼．嵌套的边界：节庆深度参与者群体认同构

建——以迷笛音乐节的迷笛黔军为例［J］．旅游学刊，2020，35（5）：139-150.

［318］王莉，方澜，顾峰．客户网上参与产品开发的动机研究［J］．研究与发展管理，2007，19（6）：17-23.

［319］王新新，万文海．消费领域共创价值的机理及对品牌忠诚的作用研究［J］．管理科学，2012，25（5）：52-65.

［320］王新新，薛海波．消费者参与品牌社群的内在动机研究［J］．商业经济与管理，2008（10）：63-69.

［321］温涵，梁韵斯．结构方程模型常用拟合指数检验的实质［J］．心理科学，2015，38（4）：987-994.

［322］温忠麟，侯杰泰，马什赫伯特．结构方程模型检验：拟合指数与卡方准则［J］．心理学报，2004（2）：186-194.

［323］温忠麟，侯杰泰，张雷．调节效应与中介效应的比较和应用［J］．心理学报，2005，37（2）：268-274.

［324］温忠麟，刘红云，侯杰泰．调节效应和中介效应分析［M］．北京：教育科学出版社，2012.

［325］吴明隆．问卷统计分析实务：SPSS 操作与应用［M］．重庆：重庆大学出版社，2010.

［326］肖胜和．基于需求层次理论的徒步旅游动机和体验效应分析［J］．地理与地理信息科学，2010，26（3）：95-98.

［327］肖昕，景一伶．中国文化产业数字化政策及其策略研究［J］．民族艺术研究，2021，34（3）：130-136.

［328］谢彦君．基础旅游学（第三版）［M］．北京：中国旅游出版社，2011.

［329］徐岚．顾客为什么参与创造？——消费者参与创造的动机研究［J］．心理学报，2007，39（2）：343-354.

［330］杨永忠．创意管理学导论［M］．北京：经济管理出版社，2018.

［331］杨宇辰．祛魅与超越：网络泛娱乐主义思潮下的青年亚文化审视［J］．宁夏社会科学，2021（2）：201-208.

［332］赵瑜．叙事与沉浸：Bilibili "互动短视频"的交互类型与用户体验［J］．西南民族大学学报（人文社会科学版），2021（2）：129-134.

后　记

　　本书是以我的博士论文为基础经进一步修改而成的。回想起四年多的读博生涯，特别要感谢我的恩师杨永忠教授，从2017年9月首次参加学术研讨至今，杨老师给了我太多的指导与帮助。作为一名从外地来川的求学者，杨老师对我的最大帮助是给我提供了一个很好的平台，没有这个平台，现在的一切都无从谈起，这点是我永远会牢记感恩的！在四川大学的这四年中，每两周参加一次杨老师亲自组织的学术研讨；经常跟随杨老师到成都西村创意园区、域上和美、许燎源现代设计艺术博物馆、星娱文化、杨莉尔倩漆器所等地方调研；在杨老师的支持下首次赴加拿大布鲁克大学和上海东华大学参加学术交流。此外，杨老师本人的勤奋努力也不断激励着我的成长。作为中国创意管理学的开拓者，杨老师连续组织了四届影响海内外的中国创意管理论坛并成立了国际创意管理专委会。通过参加这些会议，拓展了我的知识，开阔了我的视野，并有幸结识了熊澄宇老师、吴承忠老师、解学芳老师等。虽然我已经博士毕业，但未来仍将会跟随杨老师在文化创意管理领域中深耕细作。

　　感谢开题和毕业答辩时给予指导建议的汪贤裕老师、顾新老师、谢晋宇老师、揭筱纹老师、余伟萍老师、胡培老师。感谢肖进老师、周浩老师、李颖老师、胡知能老师等在论文写作方面给予的指导。感谢曾玉成老师、张黎明老师、姚黎明老师、卢毅老师、王綖老师等在博士课程方面给予的支持。感谢吴鹏老师、张莉老师、程敏老师、唐建民老师、雷琼老师在日常学习和生活中给予的关怀。感谢河南财政金融学院的领导、同事和学生给予的各方面支持。

　　特别感谢我的家人，从2007年至今，我先后备考硕士、博士，为家里做的贡献很小，希望今后能抽出更多的时间陪伴家人。

　　本书是建立在前人和同行的研究基础上写作完成的，本书的出版得益于经济管理出版社的支持和厚爱，在此向他们一并表示真诚的谢意。

　　因笔者写作水平有限，书中难免存在疏漏，敬请各位读者批评指正！

刘双吉

2022 年 5 月